100

✤ días *de* ✤

FAVOR

100
días *de*
FAVOR

Joseph Prince

CASA
CREACIÓN
Para vivir la Palabra

Para vivir la Palabra

MANTÉNGANSE ALERTA;
PERMANEZCAN FIRMES EN LA FE;
SEAN VALIENTES Y FUERTES.
—1 CORINTIOS 16:13 (NVI)

100 días de favor por Joseph Prince
Publicado por Casa Creación
Miami, Florida
www.casacreacion.com
©2011, 2020 Derechos reservados

Library of Congress Control Number: 2011926394
ISBN: 978-1-61638-518-7

Desarrollo editorial: *Grupo Nivel Uno, Inc.*
Diseño interior: *Grupo Nivel Uno, Inc.*

Publicado originalmente en inglés bajo el título:
   100 Days of Favor
   Published by Charisma House,
   A Charisma Media Company, Lake Mary, FL 32746 USA
   Todos los derechos reservados.

Visite la página web del autor: www.josephprince.org

A menos que se indique lo contrario, el texto bíblico ha sido tomado de la versión Reina-Valera © 1960 Sociedades Bíblicas en América Latina; © renovado 1988 Sociedades Bíblicas Unidas. Utilizado con permiso. Reina-Valera 1960™ es una marca registrada de American Bible Society, y puede ser usada solamente bajo licencia.

Nota de la editorial: Aunque el autor hizo todo lo posible por proveer teléfonos y páginas de Internet correctas al momento de la publicación de este libro, ni la editorial ni el autor se responsabilizan por errores o cambios que puedan surgir luego de haberse publicado.

Impreso en Colombia

21 22 23 24 25 LBS 9 8 7 6 5 4 3 2 1

Introducción

¡Te tengo un reto que creo que cambiará tu vida! Quiero retarte a hacer un viaje conmigo por los próximos 100 días. Zambullámonos de cabeza en el vasto océano del favor inmerecido de Dios. En el mundo que vivimos hoy, es muy fácil olvidar el amor incondicional de Dios por cada uno de nosotros. Es muy fácil olvidar que el propio Señor está personalmente interesado en que triunfes en cada área de tu vida.

Si apartas simplemente esos 100 días para sumergirte y saturarte del favor inmerecido de Dios, creo con todo mi corazón que tu vida nunca más será igual. Cada mañana, cuando estés sentado con una taza de café caliente en la mano, simplemente toma este libro. Me gustaría que pasáramos 15 minutos juntos y tuviéramos una charla íntima acerca de Jesús. Creo que estos minutos preciosos te ayudarán a calibrar tu pensamiento para el resto del día. Y cuando tu mente esté fijada en el favor del Señor, comenzarás a experimentar como nunca antes una confiada expectativa del bien, independientemente de la adversidad o desafío que sea lanzado a tu camino.

Mi amigo, cuando comiences a vivir con la conciencia del favor inmerecido de Dios, podrás saborear y disfrutar del hermoso plan y los propósitos que Dios está desarrollando en tu vida. Cuando te enfocas diariamente en su gracia, su favor y su amor por ti, estás poniendo una lupa sobre tu vida y permitiendo que el amor de Jesús irradie sobre ti con todo su esplendor, belleza y calidez. No importa lo que pueda estar sucediendo a tu alrededor, estarás anclado en la seguridad de su amor perfecto, escondido en la hendidura de la roca inamovible de todas las edades: tu amante Salvador, Cristo Jesús.

Esta es una invitación para que tomes los próximos 100 días como un compromiso contigo mismo para empaparte del favor inmerecido de Dios. Aléjate del ruido, el caos, el desorden y ajetreo de la vida, y colócate bajo la refrescante cascada del favor de Dios. Aprovecha este tiempo para simplemente sentarte a los pies de Jesús y disfrutar de su Palabra. Verás cómo el estrés del trabajo, los compromisos familiares, las expectativas de la gente e incluso el miedo al futuro se derriten.

Esta obra, *100 días de favor,* está basado en mi libro *Favor inmerecido.* Cada bocado de lectura inspiradora incluye:

- *Escritura de hoy.* Un pasaje bíblico que se refiere a una lectura inspiradora, que da un fundamento escritural y ayuda a entender las verdades presentadas. Te animo a meditar en cada escritura para el día. ¡Te sorprenderá lo mucho que el Espíritu Santo te sensibilizará ante la Palabra de Dios y refrescará tu corazón!
- *Extracto inspirador de hoy tomado de* Favor inmerecido. Una verdad fundamental o perla acerca del favor inmerecido de Dios que seguramente te equipará, bendecirá y capacitará. Estas verdades cubren lo que es el favor inmerecido de Dios, lo que puede hacer por ti y cómo puedes desarrollar la conciencia acerca del favor para experimentar un buen éxito.
- *Oración de hoy.* ¿No sabes qué o cómo orar por algo importante? Estas oraciones te ayudarán a expresar —todo lo que hay en tu corazón— a tu Padre celestial. Siéntete libre de adaptarlas a tu propia situación. Sólo habla con tu corazón. La oración ferviente y eficaz de un hijo de Dios puede mucho. ¡Tu Padre está escuchando!
- *Pensamiento de hoy.* La mente es donde generalmente ocurre la verdadera batalla. Así que comienza el día con un pensamiento liberador, inspirado por el favor inmerecido. ¡La mejor manera de proteger tu mente es llenándola de pensamientos preciosos de Dios para ti!
- *Reflexión de hoy sobre el favor inmerecido.* Al leer la palabra inspiradora de cada día en actitud de oración, toma tiempo para escribir las cosas que el Espíritu Santo traiga a tu atención y sobre las cuales te invite a meditar. ¡Haz de tu viaje personal a las profundidades del favor inmerecido de Dios una travesía de poder y propósito!

Es muy importante que desarrolles en todo lo que hagas una conciencia del favor inmerecido, porque nuestra tendencia humana es a depender de nuestras propias fuerzas para tener éxito. Es muy fácil volver al esfuerzo propio, donde terminamos luchando y preocupándonos, en lugar de depender de la gracia de Dios para el éxito en todas las áreas de nuestras vidas. Así que, ¡vamos a tomar estos 100 días para saturarnos por completo y perdernos en la inmensa belleza de su favor inmerecido!

Gracia siempre,

Joseph Prince

Nota especial del autor

❧

Cómo entender la meditación bíblica

Mı amıgo, ¡te espera una emocionante aventura! Pero antes de embarcarte en el primer día de tu viaje al descubrimiento del favor inmerecido de Dios, hay algo quemando mi corazón que tengo que compartir contigo. De hecho, le pedí a mi editor que detuviera la impresión de este libro sólo para poder añadir esta nota especial para ti, una nota que creo firmemente te ayudará a hacer tu travesía fructífera y transformadora.

El Señor había estado hablándome en mi tiempo devocional acerca de la importancia de meditar en su Palabra. Entonces, sucedió algo extraordinario durante un viaje reciente a Israel. Yo estaba allí con algunos de los pastores principales y líderes de mi iglesia, a quienes llamo cariñosamente mi "banda de hermanos". A medida que recorríamos el monte Arbel, nos encontramos con una vaca descansando en una de las cuevas en lo alto de la montaña.

Cuando la observé de cerca, me di cuenta de que su boca se movía continuamente, estaba masticando o rumiando. En otras palabras, había comido un poco de hierba y ahora estaba regurgitándola, masticándola y tragándola, luego regurgitándola, masticándola y tragándola de nuevo para sacarle el máximo provecho a la hierba. Sé que no es la más apetecible de las comparaciones, pero ten paciencia conmigo, estoy llegando a algo poderoso.

Si has estado en el monte Arbel, sabe que uno de los lados de la montaña es extremadamente empinado. A medida que descendíamos con cuidado las laderas escarpadas, nuestros cuerpos eran presionados contra el lado de la montaña en ciertos puntos, por lo que algunos de los hombres que estaban conmigo ¡no se atrevían a mirar hacia abajo! Definitivamente no es para los más pusilánimes y la mayoría de los turistas que van a Israel no bajarían la montaña de esa manera. Pero me encanta salirme del sendero trajinado cuando estoy en Israel y disfrutar de todas las facetas de la tierra. De todos modos, esa cueva estaba muy alta, ¡así que no sé cómo la vaca llegó hasta allí!

Pero allí mismo, el Señor comenzó a hablarme. Me dijo que muchos vienen a la iglesia y se acercan a su Palabra como las otras vacas pastando en la parte inferior de la montaña, simplemente comen y se van. Por el contrario, esa vaca que estaba masticando, rumiando y tomando su tiempo para absorber todos los nutrientes, se mantenía en un lugar alto, un lugar de descanso, seguridad y perfecta calma.

Toda la experiencia fue simplemente increíble. Allí mismo, acariciado por los vientos fríos que pasaban suavemente a través del monte Arbel, el Señor me estaba enseñando una lección objetiva sobre meditar en su Palabra. Me estaba mostrando que cuando venimos a recibir su Palabra viva, ya sea en la iglesia un domingo o en nuestros momentos devocionales, Él no quiere que simplemente pastemos y nos vayamos. Quiere que tomemos su Palabra, la mastiquemos y la disfrutemos. Él quiere que rumiemos y meditemos en ella. Mi amigo, toma un versículo o pensamiento del Señor y mastícalo hasta que estalle dentro de ti y se convierta en una revelación en tu corazón.

Ahora bien, la meditación bíblica consiste en dar voz a la Escritura en la que estás meditando. Si buscas la palabra "meditar" en hebreo (el Salmo 1:2 y Josué 1:8), es el vocablo *hagah*, que significa "murmurar". Así que cuando medites en una escritura en particular, deberías en esencia decírtela a ti mismo. Así que dila en voz alta una y otra vez. Medita en cada palabra y deja que cada una de ellas te alimente y nutra. Haz eso y serás levantado, elevado, al lugar secreto del Dios Altísimo, lejos de cualquier forma de opresión, ansiedad o miedo, y serás encerrado en el abrazo de sus alas poderosas (Salmo 91). Ese es el poder de la meditación bíblica. Creo con todo mi corazón que vas a experimentar ese descanso para tu alma a medida que medites en la Palabra y te sumerjas por completo en el favor inmerecido de Dios para ti en los próximos 100 días.

¿Qué estás esperando? ¡Empecemos!

El poder que hay en mirar a Jesús

❖

Escritura de hoy

Por tanto, nosotros todos, mirando a cara descubierta
como en un espejo la gloria del Señor, somos transformados
de gloria en gloria en la misma imagen, como por
el Espíritu del Señor. —2 Corintios 3:18

ME GUSTA PREDICAR acerca de mirar a Jesús y ocuparse en Cristo más que en uno mismo. Pero, ¿Qué es lo valioso en cuanto a mirar a Jesús? ¿En qué manera esto pone dinero en tu cuenta bancaria y comida en tu mesa? ¿Cómo ayuda esto a tus hijos en sus estudios? Los creyentes que me han hecho estas preguntas creen que son pragmáticos, pero no se dan cuenta de que los milagros ocurren cuando ellos mantienen sus ojos en Jesús. Observa lo que le ocurrió a un pescador llamado Pedro, que fue uno de los discípulos de Jesús, en Mateo 14:22–33. Cuando su barca estaba en pleno un lago, lo más sensato que un pescador experimentado podía hacer era quedarse en ella. La ciencia dice que si te paras sobre el agua, ¡te hundirás!

Mantén tus ojos en Jesús. Aunque parezca poco práctico,
es lo más poderoso que puedes hacer y ¡Jesús hará
que imperes sobre cada tormenta de tu vida!

Pero el milagro más grande que Pedro experimentó sucedió una noche cuando —en plena tormenta— dio un paso fuera de su barca, ante la palabra de Jesús. Esa noche, los vientos azotaban turbulentos, sin embargo, mientras Pedro mantuvo sus ojos en Jesús, hizo lo imposible: caminó sobre el agua. Jesús avanzaba sobre el agua y cuando Pedro lo vio, llegó a ser como el Maestro e hizo lo sobrenatural. La Palabra de Dios declara que "nosotros todos, **mirando** a cara descubierta como en un espejo la gloria del Señor, somos **transformados** de gloria en gloria **en la misma imagen**, como por el Espíritu del Señor".

Amado, así como Jesús, eres tú en este mundo. Cuando te mantienes enfocado en Él, eres transformado de gloria en gloria a su imagen. Eres transformado al contemplarlo, no por obra. Cuando veas que Jesús está por encima de las tormentas de tu vida, te levantarás sin esfuerzo por encima de ellas. Ninguna cantidad de esfuerzo propio podría haber ayudado a Pedro a caminar sobre el agua. Cuando lo hizo, sucedió simplemente porque estaba mirando a Jesús.

Ahora bien, considera lo que pasó en el momento en que Pedro quitó sus ojos de Jesús y comenzó a mirar al viento y a las olas a su alrededor. En ese instante volvió a ser normal y comenzó a hundirse. Ahora, imaginemos que esa noche no había tormenta, ni vientos que aullaban ni olas que se estrellaban. Vamos a imaginar que era una noche en perfecta calma y el mar de Galilea estaba tan quieto como un espejo, sin una sola ondulación en su superficie. ¿Podría Pedro haber caminado entonces sobre el agua? ¡Por supuesto que no!

Caminar sobre el agua no es algo que cualquiera pueda hacer, esté o no el agua en calma. En realidad, el viento y las olas no tuvieron nada que ver con la habilidad de Pedro para caminar sobre el agua. Lo mejor que pudo haber hecho era mantener los ojos en Jesús y no mirar la tormenta. Así mismo, en lugar de mirar lo insuperables que son tus circunstancias y retos, aleja tu mirada de eso y mantén tus ojos en Jesús. Aunque parezca poco práctico, es lo más poderoso que puedes hacer y ¡Jesús hará que imperes sobre cada tormenta de tu vida!

Permíteme que te dé un testimonio de una dama en nuestra iglesia. Una mañana fue a hacerse una mamografía y los médicos hallaron unas protuberancias en su pecho. Le dijeron que regresara a la clínica en la tarde para hacerle unas pruebas más a fin de determinar si eran cancerosas. Pero la dama me había escuchado recientemente enseñar que somos como Jesús. Así que antes de regresar a la clínica para la biopsia, escribió en su informe médico: "¿Tiene Jesús protuberancias en su pecho? Así como Él es, yo soy". Esa tarde fue para hacerse más pruebas y adivinen qué. Los médicos le dijeron que debió haber sido un error, ¡no hallaron protuberancias! ¿Sabes por qué? ¡Porque así como Él es, es ella!

Acabas de ver el poder que hay cuando miramos a Jesús. Si piensas que el simple hecho de mirar a Cristo es algo inútil, te reto para que veas que no lo es. En efecto, es lo más práctico que alguna vez puedas hacer. Mantén tus ojos en Cristo y te volverás cada vez más como Él, ¡te llenarás de salud, fuerza, sabiduría y vida!

Oración de hoy

Padre, sé que un hombre no puede caminar sobre el agua, sea en condiciones tormentosas o tranquilas. Así mismo, sea que haya problemas en mi vida o no, no puedo regirla sin Jesús. Apartado de Él, no puedo hacer NADA. Por lo tanto, te pido que me ayudes a mantener mis ojos en Cristo a pesar de las muchas cosas que tengo que emprender hoy. Te doy gracias porque mientras lo vea —por todas mis necesidades y deseos en medio de cada dificultad y desafío—, Él me colocará en el lugar correcto, en el momento oportuno y me proporcionará todos los recursos que necesite ¡para experimentar el buen éxito!

Pensamiento de hoy

Puedo caminar por encima de mis problemas cuando mantengo mis ojos en Jesús y confío en Él.

Reflexión de hoy sobre el favor inmerecido

Medita en Jesús y disfruta el buen éxito

❖

Escritura de hoy

Así que la fe es por el oír, y el oír, por la palabra
de Dios [Cristo]. —Romanos 10:17

Bajo el nuevo pacto, tenemos que meditar en la **persona de Jesús** cuando reflexionamos en la Palabra. Jesús es el Verbo hecho carne y, si meditas en su amor por ti, en su obra terminada, en su perdón y en su gracia, Dios garantiza que tendrás buen éxito.

Si meditas en Jesús, tus caminos siempre serán prósperos.

Con un solo versículo que tomes, puedes meditar en el amor de Cristo por ti. Por ejemplo, puedes comenzar a susurrar el Salmo 23:1: "El Señor es mi pastor, nada me faltará". Al meditar en ese sencillo versículo, empiezas a darte cuenta de que el Señor **es** (tiempo presente) tu pastor. El pastor provee para sus ovejas, las alimenta y las protege. Puesto que Jesús es tu pastor, no te faltará nada. No te faltará sabiduría, dirección, provisión, de ninguna cosa. Comienzas a ver que Jesús está contigo, proveyéndote, velando por ti y asegurándose de que tú y tu familia tengan más que suficiente. Ahora bien, justo en ese momento, en ese breve período de meditación en Jesús, se imparte fe y tu corazón se anima con la realidad de que Jesús está contigo, aunque estés enfrentando algunos retos.

Seas ama de casa, vendedor o dueño de negocio, tu alma se nutrirá y fortalecerá cuando medites en Jesús. De hecho, cada vez que reflexiones en la Palabra de Dios, Jesús te impulsará hacia el éxito ¡sin que siquiera lo notes! Sin que tengas que tramar, idear o hacer todo tipo de planes, Jesús dirigirá tus pasos, te guiará al lugar en el cual se supone que debes estar y hará que las puertas de las oportunidades se abran ampliamente para ti de manera sobrenatural. Si meditas en Jesús, tus caminos siempre serán prósperos. Ahora bien, no temas usar la palabra "próspero". Es una promesa de Dios que está en la Biblia. Cuando meditas (susurras) en Jesús de día y de noche, la Biblia dice que "¡harás prosperar tu camino, y todo te saldrá bien!" (Josué 1:8).

Algunas personas piensan que son prósperos una vez que han hecho su primer millón. Pero cuando examinas sus vidas, ves que en algún punto del camino en su lucha por hacer más y más dinero, han perdido exactamente lo que es realmente importante. Es posible que hayan construido una cartera de inversiones impresionante, pero sus hijos no quieren saber nada de ellos, ya que han perjudicado a la gente que una vez los amó. Esa no es la verdadera prosperidad ni el buen éxito.

Cuando Dios te bendice con prosperidad, incluye los beneficios económicos, pero sólo como una pequeña parte del todo. El buen éxito que proviene de Jesús nunca te aleja de su iglesia. Nunca te alejará de tus seres queridos. Y, por encima de todo, nunca te alejará de ti mismo. No te despertarás un día en medio de tu búsqueda del éxito y encontrarás que ya no reconoces a la persona que ves en el espejo.

Mi amigo, aprende a meditar en la persona de Jesús. Él es tu buen éxito. Cuando lo tienes a Él, lo tienes todo. La Biblia nos dice que "la fe viene por el oír y el oír por la palabra de Dios". El vocablo "Dios" aquí, en el texto original griego, es *Christos*,[1] refiriéndose a Cristo. En otras palabras, la fe viene por el oír y el oír la Palabra de Cristo.

La fe no sólo viene por el oír la Palabra de Dios. Viene por el oír la Palabra de **Jesús** y su obra terminada. De la misma manera, meditar en la Palabra de Dios se trata de reflexionar, susurrar y escuchar acerca de Jesús. Eso no significa que leas sólo los cuatro evangelios: Mateo, Marcos, Lucas y Juan. No, ¡todas las páginas de la Biblia, de tapa a tapa, apuntan a la persona de Jesús!

Si deseas disfrutar el buen éxito, te animo a meditar en los mensajes expuestos por ministerios que sólo exalten a la persona de Jesús, su belleza, su favor inmerecido y su obra perfecta por ti en la cruz. Escucha a los

---

1   NT: 5547, *Biblesoft's New Exhaustive Strong's Numbers and Concordance with Expanded Greek-Hebrew Dictionary. Copyright © 1994, 2003, 2006, Biblesoft, Inc. and International Bible Translators, Inc.*

ministerios del nuevo pacto que no mezclan ley y gracia, pero que usan bien la Palabra de Dios y predican el evangelio puro de Jesús. Cuanto más oyes hablar de Jesús y la cruz, más fe te es impartida ¡y disfrutas el buen éxito en tu vida!

❖

Oración de hoy

Padre, te doy gracias porque tus caminos son unos de descanso.
Todo lo que tengo que hacer es meditar en Jesús y en su Palabra,
y Él endereza mis pasos, me llevará al lugar en el cual se supone
que debo estar y hará que las puertas de las oportunidades
se abran ampliamente para mí de manera sobrenatural.
Vivifica tus Palabras para mí mientras medito en Jesús, en su
amor por mí, su obra terminada, su perdón y su gracia.

Pensamiento de hoy

Si medito en Jesús, haré mi camino próspero y tendré buen éxito.

Reflexión de hoy sobre el favor inmerecido

_____

_____

_____

_____

_____

_____

_____

_____

_____

_____

_____

_____

_____

Jesús se interesa en tu éxito

Escritura de hoy

Exaltado sea el Señor, quien se deleita en el
bienestar de su siervo. —Salmo 35:27 (*NVI*)

¿C<small>REES</small> <small>QUE</small> J<small>ESÚS</small> está interesado en tu éxito?

Toma un instante para reflexionar en eso.

Mi amigo, quiero que sepas que Cristo se deleita en bendecirte. ¡Es su buena voluntad la que te quiere ver bendecido en cada área de tu vida! Ahora bien, no pongas límites a las bendiciones de Jesús en tu vida. Esas bendiciones no se ven (como algunos pueden creer erróneamente) solo en las cosas materiales. Jesús está infinitamente interesado en tu bienestar **total**. En tu familia, tu carrera, tu satisfacción, tu matrimonio, tu ministerio… ¡la lista es interminable!

Si es importante para ti, ¡lo es para Él!

Cuando se trata de tus deseos, esperanzas y sueños, no hay detalle que sea demasiado minúsculo, diminuto o insignificante para Jesús. Créeme, si es importante para ti, ¡lo es para Él! Aun vayas a Él en oración para que te quite esa pequeña protuberancia en la nariz, no va a mirarte ni a decirte con sarcasmo: "¡Hey, amigo! ¿No sabes que tengo todo un universo que mantener operando? Ven a mí cuando tengas una petición más grande". ¡De ninguna manera! ¡Una y mil veces no! Jesús nunca ridiculiza ni se burla de tus preocupaciones como si fueran insignificantes. Él nunca es despectivo ni indiferente. No es como algunos de tus llamados "amigos", que pueden deleitarse en burlarse de tus defectos. Si a ti te molesta, le "molesta" a Él.

Eres importante para Jesús. Debes saber con plena certeza que Jesús te conoce perfectamente y, sin embargo, te acepta y te ama perfectamente. Cuando comienzas a entender eso, notas que es verdad que el favor inmerecido —ese favor proveniente de Jesús que sabes que no mereces ni puedes ganarte por ti mismo—, perfecciona cada imperfección y debilidad en tu vida. Si estás enfrentando retos, como la falta de algo en cualquier área, adicciones, temores, enfermedades o relaciones rotas, el favor inmerecido de Jesús te protegerá, liberará, prosperará, restaurará y proveerá. Su favor inmerecido te transformará por completo; y es la bondad de Dios, no tus propios esfuerzos y luchas, lo que te llevará a vivir victoriosamente para su gloria.

Oración de hoy

*Señor Jesús, gracias por amarme, por interesarte en mi éxito
y por querer bendecirme en cada área de mi vida. Echo
todas las ansiedades de mi corazón en tus manos. Gracias
por tu favor inmerecido que me da sabiduría y fuerza
para vencer todos los problemas y vivir triunfante.*

Pensamiento de hoy

Mis pasos son ordenados por el Señor porque soy justo en Él.

Reflexión de hoy sobre el favor inmerecido

_____

_____

_____

_____

_____

_____

_____

_____

No es lo que tienes, sino a quién tienes

❖

Escritura de hoy

Llevado, pues, José a Egipto, Potifar oficial de Faraón, capitán de la guardia, varón egipcio, lo compró de los ismaelitas que lo habían llevado allá. Mas Jehová estaba con José, y fue varón próspero; y estaba en la casa de su amo el egipcio. —Génesis 39:1–2

¿CONSIDERARÍAS AL JOVEN José, que estaba a punto de ser vendido como esclavo, un "varón próspero"?

¡Claro que no!

Sin embargo, Dios afirma en sus propias palabras que José era un hombre próspero.

La definición divina de próspero es contraria a la del mundo. El ambiente corporativo de los Estados Unidos mide la prosperidad basado en lo que **tú** has hecho, lo que has logrado y lo que has acumulado. Se basa enteramente en **ti,** en quien enfoca todo su tiempo, energía y recursos en títulos meritorios y coleccionando logros.

¡Lo que te hace próspero es la presencia del Señor en ti!

Ahora bien, hemos sido testigos de cómo esta acumulación de autoindulgencia ha llevado a la crisis del *riesgo*, la destrucción de los bancos de inversión y una crisis financiera internacional generalizada.

Mi amigo, quiero animarte a comenzar a ver que el modelo de prosperidad mundano es inestable y construido sobre una fundación vulnerable. Puede tener la apariencia de la buena vida, pero es temporal, y todos hemos visto de manera directa cómo la riqueza transitoria del mundo se puede disipar como el humo y escapar fácilmente, como las arenas movedizas en el desierto.

En Génesis 39:2, es evidente que la prosperidad no es **lo que** tú tengas, ¡sino a **quién** tienes! José, literalmente, no tenía nada material pero, al mismo tiempo, lo tenía todo porque el Señor estaba con él. Las cosas materiales que has acumulado o estás tratando febrilmente de amasar no te hacen próspero. ¡Lo que te hace próspero es la presencia del Señor en ti!

Necesitamos aprender a dejar de perseguir cosas y empezar a perseguirlo a Él. Dios ve tu relación con Él como lo único que necesitas para toda clase de éxitos en tu vida. No me puedo imaginar comenzar en un lugar peor que José. Estaba completamente desnudo. ¡No tenía nada! Ni cuentas bancarias, ni ningún nivel de instrucción, ni conexiones naturales con personas de influencia, nada. Gracias a Dios, la Biblia registra una imagen de José comenzando con nada, de modo que hoy tú y yo podamos tener esperanza. Si piensas que al igual que José no tienes nada, bueno, puedes comenzar a creer en el poder de la presencia del Señor en tu vida. ¡Comienza a buscar a Jesús y a clamar por esa promesa que te hizo en la Escritura!

Dile: "El Señor está conmigo, por tanto soy una persona próspera".

Dilo un centenar de veces si es necesario y comienza a ver esto como tu realidad. Pega esta promesa en tu espejo, y todas las mañanas cuando te cepilles los dientes, recuérdate que hoy, al ir a trabajar, al ir a la escuela, al iniciar el día para cuidar a tus hijos en casa (o lo que sea que tengas que hacer), el Señor está contigo. Y debido a que está contigo, ¡YA ERES PRÓSPERO! Cuando tienes a Jesús en tu vida, ¡ya no estás tratando de ser próspero, Eres próspero!

Oración de hoy

Señor Jesús, te doy gracias porque estás conmigo, y porque nunca me dejas ni me desamparas. Y debido a que tengo tu presencia en mi vida, ¡yo ya soy próspero! Sé que estás conmigo en todo lo que tengo que hacer hoy, para ayudarme a prosperar en todo.

Pensamiento de hoy

Porque el Señor está conmigo, soy una persona próspera.

Reflexión de hoy sobre el favor inmerecido

_____

_____

_____

_____

_____

_____

_____

_____

_____

_____

_____

_____

_____

_____

_____

_____

_____

_____

_____

_____

_____

_____

_____

_____

_____

_____

_____

_____

_____

Jesús, nuestro héroe ideal

Escritura de hoy

Su paladar, dulcísimo, y todo él codiciable. Tal es mi amado, tal es mi amigo, oh doncellas de Jerusalén. —Cantar de los Cantares 5:16

JESÚS ES ALGUIEN con quien puedes ser completamente real. Puedes pasar el rato con Él y ser tú mismo, sin ninguna pretensión y nada de actuación. Jesús es siempre amoroso contigo y puedes hablar con Él sobre cualquier tema. A Él le gusta conversar contigo acerca de tus sueños, aspiraciones y esperanzas.

Él quiere sanarte de las cosas de tu pasado con las que pudieras estar luchando. Está interesado en tus retos actuales. Él quiere llorar contigo cuando estás abatido y regocijarse contigo en todas tus victorias.

Jesús es alguien con quien puedes ser completamente real.

Jesús es el amor y la ternura personificados. Ten cuidado de no confundir su ternura con las imágenes afeminadas y débiles que has visto representadas en algunos cuadros tradicionales de Jesús. Él es ternura y fuerza envueltas en uno. Él es mansedumbre y majestad, virilidad y deidad, terciopelo y acero. Como ves, a veces, cuando tratamos de ser firmes y fuertes, arrasamos los sentimientos de las personas y terminamos hiriéndolas con nuestras palabras. Cuando tratamos de ser tiernos, tenemos una sobredosis de bondad y nos reducimos a felpudos hasta terminar siendo aprovechados por otros.

Desviémonos de nosotros mismos y miremos a Jesús. Él pudo forzar severamente a un grupo de fariseos intrigantes a dar marcha atrás en una instancia, desafiándolos y diciendo: "El que de vosotros esté sin pecado sea el primero en arrojar la piedra contra ella" (Juan 8:7). En el siguiente momento, ese mismo Jesús pudo mirar directamente a los ojos a una quebrantada mujer sorprendida en adulterio, y con compasión resonando profundamente en su voz, preguntarle: "Mujer, ¿dónde están los que te acusaban? ¿Ninguno te condenó? Ni yo te condeno; vete y no peques más" (Juan 8:10–11).

¡Ese es nuestro Dios!

En un momento, un Jesús cansado podía estar profundamente dormido en la barca de un pescador barrida por el viento, ajeno a las turbulentas aguas de Galilea estrellándose contra la desventurada embarcación. Pero en el momento siguiente, puedes verlo mirando sin pestañear a las olas que azotaban, sus brazos de carpintero bien formados elevados al cielo. Con su sola declaración de autoridad absoluta sobre el cielo y la tierra, las olas se sometieron y se calmaron instantáneamente en un espejo de plácida quietud (Marcos 4:37–39).

Jesús es cien por ciento Hombre y al mismo tiempo es cien por ciento Dios. Como Hombre, entiende y se identifica con todo lo que has pasado, estás pasando y pasarás en esta vida. Pero como Dios de amor, todo su poder, autoridad y recursos están a tu favor. Amado, cualquier cosa que estés enfrentando hoy, deja que tu corazón descanse en su amor perfecto por ti.

❖

Oración de hoy

Padre, ayúdame a mantener los ojos en Jesús, que es totalmente amoroso. Te convertiste en hombre por mí, Señor Jesús, para poder entender hoy todo lo que estoy pasando y cada emoción que siento. Gracias, Jesús, por no condenarme y por amarme siempre, y por darme la confianza de que tengo la presencia del todo amor y todopoderoso Dios-Hombre para ayudarme y prosperarme en cada área de mi vida.

Pensamiento de hoy

Jesús entiende y se identifica con todo lo que he pasado, estoy pasando y pasaré en esta vida.

Reflexión de hoy sobre el favor inmerecido

_____

_____

_____

_____

_____

_____

_____

_____

_____

_____

_____

_____

_____

_____

_____

_____

_____

_____

_____

_____

_____

_____

_____

_____

_____

_____

Salvarte es la descripción de trabajo de Dios

❖

Escritura de hoy

Y pensando él en esto, he aquí un ángel del Señor le apareció en sueños y le dijo: "José, hijo de David, no temas recibir a María tu mujer, porque lo que en ella es engendrado, del Espíritu Santo es. Y dará a luz un hijo, y llamarás su nombre Jesús, porque él salvará a su pueblo de sus pecados". —Mateo 1:20–21

EL NOMBRE "JESÚS" en hebreo es Yeshua, que contiene una abreviatura de Yahweh, el nombre de Dios en hebreo. Así que el nombre "Jesús" literalmente significa "Yahweh es nuestro Salvador" o "¡El Señor es nuestro Salvador!" ¡Qué hermoso nombre!

¡Jesús es tu Salvador!

Cada vez que invocas el nombre de Jesús, el nombre que es sobre todo nombre, estás llamando al propio Dios para que te salve. ¡Salvarte es la descripción de trabajo de Jesús! Sea cual sea el reto o circunstancia, cualquiera que sea la crisis en la que te encuentres —física, económica o emocional— puedes invocar el nombre de Jesús ¡y el propio Dios Todopoderoso te salvará!

Mi amigo, puedes tomar tiempo para conocer los nombres de Dios, los cuales reveló en el antiguo pacto, como por ejemplo: *Elohim, El Shaddai, El Elyon, Jehová-Jireh, Jehová-Rapha y Jehová-Nissi.* Puedes hacer un estudio completo sobre los nombres de Dios. Yo no estoy en contra de eso, en absoluto. Yo doy clases sobre los nombres de Dios en mi iglesia también, pero todos esos nombres no significan nada para ti si no sabes que el mismo Dios Todopoderoso, Jesús, quiere salvarte primero de todos tus pecados y, luego, de todos tus desafíos.

Dios puede ser todopoderoso, pero si no estás seguro de que está interesado en tu éxito, su poder no significa nada para ti. Así que, no tienes que memorizar todos los antiguos nombres de Dios. Lo que necesitas es una completa revelación de que Jesús, en el nuevo pacto, ¡es tu Salvador! ¿Por qué es Tiger Woods famoso? ¡Por el golf! ¿Por qué es David Beckham famoso? ¡Por el fútbol! (También es famoso por respaldar productos) ¿Por qué es famoso Jesús? ¡Por salvarte a ti!

¿De qué necesitas ser salvo? ¡Obsérvalo en tu situación, rescatando, protegiendo y proveyendo para ti!

Oración de hoy
Señor Jesús, debido a que eres mi poderoso Salvador, no hay problema o circunstancia que logre derrotarme. Gracias por salvarme de mis pecados y de todos los retos que me acosan en la actualidad. Recibo tu sabiduría, protección y provisión para liberarme y prosperarme en todas las circunstancias difíciles que tengo que enfrentar hoy.

Pensamiento de hoy
Jesús me ha salvado de mis pecados y su poder está disponible para salvarme de cualquiera y cada reto en mi vida.

Reflexión de hoy sobre el favor inmerecido

Dios puede y quiere

❖

Escritura de hoy

Y he aquí vino un leproso y se postró ante él, diciendo: Señor, si quieres, puedes limpiarme. Jesús extendió la mano y le tocó, diciendo: Quiero; sé limpio. Y al instante su lepra desapareció. —Mateo 8:2–3

Es PROBABLE QUE todos los cristianos crean que Dios tiene el poder para bendecir, sanar, proteger, prosperar y hacer que alguien prospere. Sin embargo, sabemos que no todos los cristianos creen que Dios quiere hacer todo eso por ellos. Mateo 8:1–3 registra la historia de un leproso que se acercó a Jesús por sanidad. Él dijo: "Señor, si quieres, puedes limpiarme". El leproso no dudaba de la capacidad de Jesús para que lo curara, pero no estaba seguro de que quisiera sanarlo a él, un leproso condenado al ostracismo por todos. En otras palabras, él creía en la omnipotencia de Dios, pero no estaba seguro de que el corazón de Dios fuera uno de amor y favor inmerecido hacia él. Estoy seguro de que conoces creyentes que son así. Pueden creer en el poder de Dios, pero no están seguros de la voluntad de Dios con ellos. Saben que Dios puede, pero no están seguros de si quiere.

Cualquiera que sea la situación por la que creas en Jesús, Él te dice: "QUIERO".

Esta es una de las mayores tragedias en la iglesia de hoy. Cuando esos creyentes escuchan testimonios de otros que están siendo sanados por el Señor, dudan que Dios también quiera sanarlos a ellos. Cuando leen los informes de alabanzas acerca del Señor bendiciendo a los demás con promociones y bendiciones financieras, en privado se preguntan si Dios está dispuesto a hacer lo mismo por ellos. Se preguntan qué hicieron esas personas para obtener sus bendiciones.

Aun más trágico es que ven sus propias vidas, imperfecciones y defectos, y empiezan a descalificarse para recibir las bendiciones de Dios. Piensan: "¿Por qué Dios va a bendecirme? Mira lo que he hecho. Soy tan indigno". En vez de tener fe para creer en Dios y avanzar significativamente, se sienten demasiado condenados para ser capaces de creer en la bondad de Dios y recibir algo bueno de Él.

¡Mi amigo, no seas como aquel leproso que malinterpretó completamente Jesús! Vamos a ver cómo le respondió el Señor. Eso es importante ya que sería la misma respuesta que Jesús te daría hoy si se te acercara.

Mateo 8:3 registra que "Jesús extendió la mano y le tocó, diciendo: Quiero; sé limpio". ¿Puedes ver cuán personal es el ministerio de Jesús? Él no tocó a cada persona que sanó. A veces, sólo hablaba y los enfermos eran sanados. Pero en ese caso, Jesús extendió su mano y tocó al leproso con ternura. Creo que Jesús hizo eso para curarlo, no sólo de su lepra, sino también de las cicatrices emocionales que había recibido por años de rechazo.

La lepra era una enfermedad muy contagiosa y la ley prohibía a los leprosos que entraran en contacto con nadie. Eso significaba que durante años, ese leproso había sido rechazado por todas las personas que veían su condición, incluso los miembros de su propia familia. Es probable que hediera por su carne en descomposición y abandono, y su aspecto debió ser repulsivo.

Pero, sin inmutarse, Jesús lo tocó, dándole el primer toque humano que sentía desde que contrajo la enfermedad. La Biblia nos dice que, inmediatamente, su lepra desapareció y el hombre recibió sanidad.

Jesús es el mismo ayer, y hoy, y por los siglos (Hebreos 13:8). Cualquiera que sea la situación por la cual estés creyéndole a Jesús, Él te dice: "QUIERO". No dudes más de su disposición amorosa por ti. ¡Deje de ocuparte en tus propias descalificaciones y déjate absorber completamente por su amor y su gracia (favor inmerecido) contigo!

❖

Oración de hoy

Padre, gracias por escribir en tu Palabra la historia de los leprosos para mi beneficio. Me muestra que cuando se trata de sanidad y de todas las otras bendiciones por las que Jesús murió para darme, puedes y me las QUIERES dar. Te doy gracias porque mis imperfecciones y deficiencias no me descalifican para recibir tus bendiciones ya que la sangre de Jesús me hizo apto. ¡Su sacrificio dio rienda suelta a tu inmerecido favor y a tus bendiciones para mí! Gracias por las bendiciones que tienes listas para que yo camine en ellas hoy.

Pensamiento de hoy

¡Dios puede y QUIERE hacerlo por MÍ!

Reflexión de hoy sobre el favor inmerecido

_____

_____

_____

_____

_____

_____

_____

_____

_____

_____

_____

_____

_____

_____

_____

_____

El amor de Dios por ti es personal, detallado y profundo

❖

Escritura de hoy

Humillaos, pues, bajo la poderosa mano de Dios, para que él os exalte cuando fuere tiempo; echando toda vuestra ansiedad sobre él, porque él tiene cuidado de vosotros. —1 Pedro 5:6–7

HAY MUCHOS CREYENTES hoy que no echan su ansiedad sobre el Señor. Creo que es porque no tienen una revelación de que Él cuida de ellos. Nota lo que su Palabra dice: "Echando toda vuestra ansiedad sobre él, **porque él tiene cuidado de vosotros**". A menos que tengas la confianza absoluta de que Jesús se preocupa por ti, no vas a echar tu ansiedad sobre Él. Sólo piensa un momento, ¿pedirías ayuda a un familiar o amigo en tu momento de necesidad si no confiaras en que la persona responderá a tu llamada? Jesús se preocupa por ti. Cuando recurres a Él, ¡sabes que tiene su máxima atención —con todos los recursos del cielo— respaldándote!

Dios está vital e intensamente involucrado en los pequeños detalles cotidianos de tu vida.

Tal vez estés pensando: "Bueno, estoy seguro que Jesús tiene cosas más importantes para que lo moleste con mi problema". Espera un momento. Al decir eso, acabas de manifestar que en realidad no crees que Jesús se preocupe por ti. Ahora bien, vamos a ver lo que la Biblia dice: "Pero aun los cabellos de vuestra cabeza están todos contados. No temáis, pues; más valéis vosotros que muchos pajarillos" (Lucas 12:7).

Yo amo y cuido de mi dulce hija, Jessica. Pero con todo lo que la amo y cuido por su bienestar, ¡nunca, ni una sola vez, he contado el número de cabellos de su cabeza! Ella no sabe cuán grande bendición ha sido para mí. Me encanta besarla, oler su cabello y abrazarla con fuerza. Sin embargo, con todo mi gran amor por ella, ¡nunca me he tomado el tiempo para contar el número de cabellos de su cabeza!

Pero, ¿sabes que tu Padre celestial cuenta los cabellos de tu cabeza? Realmente espero que estés comenzando a entender la voluntad de Jesús y no generalices su amor por ti. Su amor por ti lo abarca todo. Si Él se preocupa lo suficiente como para hacer un seguimiento de los cabellos de tu cabeza, ¿hay algo demasiado pequeño que no puedas hablar con Él?

El amor de Dios por ti es infinitamente detallado. Jesús dijo que ni un pajarillo cae a tierra sin la voluntad del Padre (Mateo 10:29). ¿No vales mucho más que un pajarillo? ¿Es Dios un Dios que le da cuerda al reloj y lo deja que marque solo hasta que Jesús regrese? ¿Participa sólo en los eventos importantes en el mundo? ¿Está solo en los eventos importantes de nuestras vidas como nuestra salvación, o está vital e intensamente involucrado en los pequeños detalles cotidianos de tu vida? ¿Qué piensas? La Biblia dice que Él llama a sus ovejas por nombre (Juan 10:3, 14). Mi amigo, ¡Su amor por ti es personal, detallado y profundo! Tu Padre celestial quiere que lo involucres incluso en los asuntos más pequeños, más mundanos de tu vida, y veas su favor inmerecido rodearte, protegerte y llevarte a buen éxito.

❖

Oración de hoy

Padre, gracias por amarme de una manera tan personal y detallada y profunda. En este momento, echo toda ansiedad y preocupación que tengo en mi corazón por mí y por mi familia en tus manos. Te pido que cuides de mí y que dirijas mis caminos. Me niego a inquietarme y preocuparme más por ninguno de mis problemas, porque están en tus manos. Es más, ¡decido darte gracias por tus respuestas maravillosas!

Pensamiento de hoy

Dios cuida intensamente de mí y su amor por mí es personal, detallado y profundo.

Reflexión de hoy sobre el favor inmerecido

_____

_____

_____

_____

_____

_____

_____

_____

_____

_____

_____

_____

_____

_____

_____

_____

_____

_____

_____

_____

_____

_____

_____

_____

_____

Jesús es Emanuel, el todopoderoso Dios con nosotros

Escritura de hoy

Todo esto aconteció para que se cumpliese lo dicho por el Señor
por medio del profeta, cuando dijo: He aquí, una virgen
concebirá y dará a luz un hijo, y llamarás su nombre Emanuel,
que traducido es: Dios con nosotros. —Mateo 1:22–23

¿Sabías que el nombre de Jesús no es solamente Jesús? También se llama **Emanuel**, que significa el Dios todopoderoso está con nosotros. ¡Qué reconfortante es saber que nuestro maravilloso Dios todopoderoso, que es también nuestro Padre amoroso, siempre está con nosotros!

Un precioso hermano me contó que hace años, ya siendo creyente, tenía problema con el alcohol, y cada noche salía a beber al punto que ni siquiera podía recordar al día siguiente cómo había llegado a casa. Intentó todo lo posible para dejar de beber, pero fallaba repetidamente.

Cuando el Dios todopoderoso está contigo, suceden cosas buenas contigo, alrededor de ti y a través de ti.

Un día, salió con unos amigos a un juego de *squash*. Después del partido, se recostó en el suelo para descansar. Mientras descansaba, sintió la presencia de Jesús venir sobre él y en ese mismo momento, ¡el Señor rompió su adicción al alcohol y eliminó totalmente su deseo de beber!

Hoy, ese hermano a quien el Señor liberó del alcoholismo es un líder clave en mi iglesia. ¿No es acaso cosa de Dios tomar lo débil del mundo para avergonzar a lo fuerte y lo necio del mundo para avergonzar a los sabios?

¿Sabes algo? Toda nuestra lucha, voluntad, disciplina y esfuerzo propio no puede hacer lo que la presencia del Señor puede hacer en un instante. ¿Y quién puede decir que ahora que estamos hablando acerca de Jesús, su presencia no te quitará algo que es destructivo en tu vida?

Como ves, no eres transformado por la lucha. Eres transformado al mirar a Jesús y creer que Él te ama y quiere salvarte.

Ahora bien, ¿qué quiere decir "Dios con nosotros"? Debemos entenderlo de la misma forma que el pueblo hebreo lo habría entendido. Hay algo hermoso aquí, ¡este es el secreto de Emanuel! La mente judía entiende que cuando el Señor está **contigo**, prosperas en todo esfuerzo. No tomes sólo mi palabra. Mira a través de las crónicas de la historia judía. La Biblia registra que cada vez que el Señor estaba **con ellos** en la batalla, los hijos de Israel nunca fueron derrotados y todas las campañas militares terminaron con un éxito abrumador.

De hecho, en la batalla de Jericó, ¡la ciudad fue de ellos con sólo un grito (Josué 6:20)! ¿Por qué? El Señor estaba con ellos. Incluso en las batallas cuando eran superados en número, triunfaban porque el Señor estaba con ellos. No es diferente para ti hoy. Cuando la Biblia dice que Jesús está contigo, está contigo para ayudarte, asistirte, cambiar las cosas a tu alrededor y hacer que te sucedan cosas buenas. ¡Él no está contigo, como algunos erróneamente creen, para condenar, juzgar o criticar! Cuando el Dios todopoderoso está **contigo**, suceden cosas buenas contigo, alrededor de ti y a través de ti. ¡Espere que eso te suceda hoy!

Oración de hoy

Señor Jesús, te doy gracias porque siempre estás conmigo. Ayúdame a recordar que no es mi fuerza de voluntad, esfuerzos o disciplina lo que me da la victoria sobre las tentaciones y adicciones, sino tu presencia en mi vida. Gracias por las cosas buenas que van a pasarme a mí y a mis seres queridos debido a tu presencia en mi vida.

Pensamiento de hoy

La victoria no llega por mi fuerza de voluntad
sino por la presencia de Jesús.

Reflexión de hoy sobre el favor inmerecido

Dios no busca fallas en ti

❖

Escritura de hoy

Reconócelo en todos tus caminos, y él enderezará
tus veredas. —Proverbios 3:6

Algo muy singular y precioso pasa cuando ves que el Señor está contigo. Confía en que el Señor abra tus ojos para verlo en tu situación y, cuanto más lo veas a Él, más se te manifiesta. Cuando estés en medio de un compromiso importante de negocios, te aseguro que si puedes ver al Señor allí contigo, su sabiduría fluirá a través de ti; Él te dará una visión sobrenatural para ubicar los cabos sueltos, los detalles o las cláusulas de salida que faltan en el contrato que estás a punto de firmar.

La presencia de Dios está contigo para dirigirte, guiarte, llevarte a ser cada vez más como Cristo y para darte éxito en toda tarea que emprendas.

Una vez que involucras a Jesús y reconoces su presencia, lo sentirás interviniendo en cualquier decisión que estés a punto de hacer, mediante la ausencia o presencia de su paz. A veces, aunque todo parezca en orden, de alguna manera, puedes sentir un malestar creciente cada vez que pienses en tu decisión. Mi consejo sería que no te apresuraras a tomarla. Una vez que hayas involucrado al Señor, la falta de paz que sientes se convierte en tu guía para protegerte. Puedes incluso estar en medio de una discusión con tu cónyuge, pero en el momento en que tomas conciencia de la presencia del Señor, tus palabras cambiarán. De alguna manera, habrá un refreno sobrenatural que sabes que no viene de ti. ¡Eso también es el Señor!

Amado, es importante que erradiques la idea de que el Señor está presente para criticarte. Es posible que hayas sido criado en un ambiente donde tus padres estaban constantemente molestándote con sus fallas y señalando sus errores, pero no proyectes esa característica en el Señor. Dios conoce cada idiosincrasia y, sin embargo, te ama perfectamente porque te ve a través del lente de la cruz, donde su Hijo eliminó cada defecto de tu vida. Eso significa que incluso tu argumento actual con tu cónyuge está lavado por la sangre de Jesús.

La presencia del Señor está contigo no para juzgarte ni golpearte en la cabeza con un bate gigante en el momento que falles. No, mi amigo, su presencia está contigo para dirigirte, guiarte y llevarte a ser cada vez más como Cristo, y para darte éxito en toda tarea que emprendas.

Oración de hoy

Señor Jesús, me contenta mucho saber que estás conmigo, no para encontrar defectos en mí, sino para animarme, guiarme y ayudarme a experimentar el buen éxito. Ayúdame a involucrarte siempre y reconocer tu presencia en cualquier decisión que esté tomando. Hoy, espero ver tu presencia manifestarse en mí como sabiduría sobrenatural y discernimiento para hacer lo correcto.

Pensamiento de hoy

Dios conoce mi idiosincrasia y mis debilidades y, sin embargo, no me condena, sino que me ama perfectamente a causa de Jesús.

Reflexión de hoy sobre el favor inmerecido

No es el fin cuando el Señor está contigo

❖

Escritura de hoy

Y vio su amo [Potifar] que Jehová estaba con él [José], y que todo lo que él hacía, Jehová lo hacía prosperar en su mano. —Génesis 39:3

¿SABES DE ALGUIEN que esté en una situación peor que José cuando estaba parado desnudo en un mercado egipcio, a la espera de ser vendido como esclavo? Todo su mundo parecía haber colapsado a su alrededor. Sólo unos días antes, estaba en los brazos de su padre; pero ahora, sus propios hermanos lo habían traicionado. Todo lo que tenía había sido arrancado de él. Fue reducido a nada más que un esclavo en una tierra extranjera.

**Cuando la presencia de Dios se manifiesta en tu vida,
¡es cuando su gloria resplandece a través de ti!**

¿Fue ese el final de José? En el esquema natural de las cosas, ciertamente parecía que lo era. Pero aun con todas las probabilidades acumuladas en contra de José, el Señor estaba lejos de haber terminado con él. Incluso en esa situación extrema, el Señor permanecía con él y, en ese momento oscuro y sombrío de su vida, lo llamó varón próspero (Génesis 39:1–2). Recuerda, no es lo que tengas. Es a **quien** tienes lo que marca toda la diferencia.

"¿Cómo puede el Señor hacer próspero a un joven esclavo sin un solo centavo o posesión a su nombre?"

Bueno, continuemos con la historia de José. Génesis 39:3 nos dice: "Y vio su amo [Potifar] que Jehová estaba con él [José], y que todo lo que él hacía, Jehová lo hacía prosperar en su mano". Esa es una declaración poderosa, Él promete que puedes creer en Jesús en cada aspecto de tu vida. ¿Te imaginas que cada proyecto, tarea e incluso diligencia que emprendas prospere? Tus manos se convierten en instrumentos de bendición.

Tocas a los miembros de tu familia y son bendecidos. Tu empresa puede tener dificultades para gestionar un proyecto difícil, pero una vez que es colocado en tus manos, el proyecto viene a ser bendecido. ¡Te conviertes en una bendición a punto de ocurrirle a alguien, a punto de ocurrirle a algo, donde quiera que vayas!

Ahora bien, ¿cómo sucederá eso? El Señor Jesús va a hacer que eso ocurra cuando dependas de Él de la misma manera que José. José no tenía nada. No podía confiar en sus habilidades ni en su experiencia (él nunca había sido esclavo), ni podía confiar en sus relaciones naturales (su padre no estaba al tanto, porque creía que José había sido asesinado por un animal salvaje). Todo lo que José tenía era la presencia del Señor, ¡y dependía del Señor para que manifestara su presencia, su poder y su gloria a través de él!

Eso es lo que tú y yo necesitamos: ¡una manifestación de su presencia en todo lo que hagamos! Como ves, una cosa es tener su presencia (todos los cristianos la tienen porque lo han aceptado como su Señor y Salvador), pero cuando su presencia se manifiesta en tu vida, es cuando su gloria resplandece a través de ti.

No hay que olvidar que el amo de José, Potifar, no era creyente en Dios. Era un egipcio que adoraba ídolos. Sin embargo, como la presencia manifiesta del Señor brilló gloriosamente a través del trabajo de las manos de José, aun ese pagano incrédulo pudo ver los resultados tangibles de la unción, el poder y la bendición especial del Señor sobre la vida de José. Potifar se maravillaba y no podía dejar de reconocer que el Señor estaba con José, y que "todo lo que él hacía, Jehová lo hacía prosperar en su mano".

Ahora, ¿no te parece interesante ver que Potifar no se limitó a concluir que José era un buen trabajador? Al contrario, Potifar podía ver que no eran las habilidades de José, sino más bien su Dios el que estaba prosperando todo aquello sobre lo cual José ponía su mano. Génesis 39:3 nos dice que "todo lo que él hacía, Jehová lo hacía prosperar en su mano". Eso no podría haber sido "discernimiento espiritual" por parte de Potifar ya que él no era creyente y no tenía discernimiento espiritual cuando se trataba de las cosas de Dios. Eso me dice que Potifar debió haber presenciado resultados tangibles que eran realmente asombrosos. Debió haber visto resultados tan espectaculares, ¡que sabía que estaban más allá de los de un ser humano común y corriente!

Es probable que Potifar le ordenara a José que excavara nuevos pozos para su casa y cada pozo que José excavó dio agua, aun en medio de una sequía. Tal vez el campo que José atendía daba cosechas que eran sorprendentemente más grandes que las de los campos circundantes. Tal vez Potifar vio cómo José pidió a su Dios cuando los niños de la casa estaban sufriendo de alguna epidemia terrena, y todos eran sanados. Cualquiera haya sido el caso, Potifar sabía que los resultados prósperos de los que había sido testigo no eran resultado de las habilidades naturales de José. Tenían que ser debido al hecho de que Jehová estaba con él, y Dios hizo que todo lo que el joven hacía prosperara en su mano. ¿No es esto hermoso? Mi amigo, Dios quiere hacer lo mismo en tu vida hoy. Imagínatelo guiándote, bendiciéndote y aumentando hoy tu efectividad.

Oración de hoy

Padre, a pesar de las circunstancias negativas de mi vida, gracias por recordarme que no es mi fin. Voy a tener éxito porque tú estás conmigo. ¡Tu favor inmerecido sobre mí hará que la obra de mis manos prospere y obtenga resultados sobrenaturalmente buenos! ¡Voy a ver abundantemente bendecido todo lo que has puesto en mis manos!

Pensamiento de hoy

Puedo tener éxito más allá de mis capacidades físicas y a pesar de cualquier ambiente negativo, porque el Señor está conmigo.

Reflexión de hoy sobre el favor inmerecido

_____

_____

_____

_____

Comienza tu día con Jesús

Escritura de hoy

Bueno es alabarte, oh Jehová, y cantar salmos a tu nombre,
oh Altísimo; anunciar por la mañana tu misericordia,
y tu fidelidad cada noche. —Salmo 92:1–2

¿SABES QUE DIOS ha prometido que ninguna arma forjada contra ti prosperará (Isaías 54:17)? Ahora bien, no prometió que las armas no serían forjadas en tu contra. Prometió que, aun cuando las armas fuesen forjadas en tu contra, ellas no te dañarían ni te derrotarían.

Comienza tu día con Jesús, ejercitándote en su presencia,
encomendando tus planes a Él y confiando en su sabiduría,
su fuerza y su favor inmerecido para el día.

Hay todo tipo de armas forjadas contra la humanidad, especialmente en estos últimos días. Basta pensar en los muchos tipos de virus mortales, dolencias y enfermedades en el mundo. Al encender el televisor y ver las noticias, parece que de lo único que se oye es de guerras, disturbios, desastres, colapsos financieros, violencia, desempleo, hambrunas y nuevas cepas de virus mortíferos. Es increíble ver cuántas personas se despiertan por la mañana y lo primero que hacen es agarrar los periódicos y leer las malas noticias antes de ir a trabajar. Luego, justo antes de irse a la cama, ¡ven las noticias!

Ahora bien, comprende, por favor, que yo no estoy en contra de la lectura de los periódicos o ver las noticias o la televisión. Pero quiero animarte a comenzar el día con Jesús, ejercitándote en su presencia, reconociéndolo, encomendando tus planes a Él y confiando en su sabiduría, su fuerza y su favor inmerecido para el día. Recuerda, debes ser como José, el de la Biblia. El Señor estaba con José y por eso ¡era un varón próspero!

Su éxito no es resultado de que estés informado de los últimos virus o del último desastre. No, ¡el éxito vendrá como resultado de que sintonices la presencia de Jesús en tu vida!

Hay mucha gente en mi iglesia que empiezan el día cada mañana participando de la Santa Comunión, no como un ritual, sino como un momento para recordar a Jesús y el poder de su cruz. Miran a Jesús por su fortaleza, reciben su vida divina en los cuerpos de ellos, mientras participan del pan. Al participar de la copa, renuevan su conciencia mediante la justicia gratuita comprada por la sangre de Jesús en la cruz. ¡Qué manera de empezar el día!

También me he dado cuenta de que el último pensamiento antes de ir a dormir es muy importante. Lo he intentado antes y puedes intentarlo también: irte a la cama pensando en Jesús, dándole gracias a Dios por el día. Además, puede meditar en una de sus promesas, como la que se encuentra en Isaías 54:17. Simplemente di: "Gracias, Padre. ¡Tu Palabra declara que ninguna arma forjada contra mí prosperará!" La mayoría de las veces me despierto sintiéndome rejuvenecido, lleno de energía y refrescado a pesar de no haber dormido durante muchas horas.

Sin embargo, si me voy a la cama con lo que he escuchado en las noticias girando en mi mente, podría dormir muchas más horas de lo habitual, pero todavía me despertaría sintiéndome cansado. A veces hasta me da dolor de cabeza. ¿Te ha pasado eso antes? Bueno, no tienes que experimentarlo otra vez. Incorpora tu día a la presencia de Jesús. ¡Comienza el día con Él, disfrútalo durante el día y termínalo con Él en tu mente!

Oración de hoy

Señor Jesús, gracias por tu presencia conmigo el día de hoy. Ayúdame a estar más consciente de tu favor inmerecido conmigo que de las malas noticias que preocupan a la gente. Te encomiendo hoy todos mis planes, sabiendo que tu sabiduría, fuerza y favor inmerecidos están siempre conmigo para prosperarme y darme buen éxito.

Pensamiento de hoy

Voy a incorporar este día a la presencia de Jesús.

Reflexión de hoy sobre el favor inmerecido

_____

_____

_____

_____

_____

_____

_____

_____

_____

_____

_____

_____

_____

_____

_____

_____

_____

_____

_____

_____

_____

_____

_____

_____

_____

_____

_____

_____

Invoca la presencia de Jesús y ve su poder

❖

Escritura de hoy

Mas Jehová está conmigo como poderoso gigante; por tanto, los que me persiguen tropezarán, y no prevalecerán… —Jeremías 20:11

¿Sabes que el mejor momento para agradecer a Jesús por su presencia es cuando no la "sientes"? Cuando de su presencia se trate, no te dejes guiar por tus sentimientos. Los sentimientos pueden ser engañosos. Ve por su promesa de que Él es Emanuel, ¡Dios con nosotros!

**Los sentimientos no se basan en la verdad.
¡La Palabra de Dios es la verdad!**

¿Has escuchado la historia de un novio que se acercó a su pastor casi inmediatamente después de la ceremonia de su boda? El novio le dijo:

—Pastor, ¿puedo hablar con usted un segundo?

—Claro —respondió el pastor.

—¿Sabe qué? —dijo—. No me siento casado.

El pastor lo agarró por el cuello y gruñó:

—Escucha, muchacho, tú ESTÁS casado, lo sientas o no, ¿entiendes? Simplemente acepta por fe que estás casado.

Como ves, amigo mío, no se puede guiar uno por los sentimientos. Te guías por la verdad y la verdad es esta: Dios prometió: "Nunca te dejaré ni te abandonaré". Así que la mejor época para ejercitarte en su presencia es, precisamente, cuando sientas como que Jesús está a 100,000 kilómetros de distancia. Recuerda que los sentimientos no se basan en la verdad. ¡La Palabra de Dios es la verdad!

Poco después de graduarme de la secundaria, trabajé medio tiempo enseñando en una escuela primaria a una clase de niños de 10 años de edad. Recuerdo que un día, cuando estaba ante la presencia de Dios, me arrodillé en la sala de mi casa y oré: "Señor, simplemente te doy gracias porque siempre estás conmigo". Mientras estaba orando, el Señor me dijo que pidiera específicamente por una de las niñas de mi clase que había estado ausente de la escuela ese día.

Ahora bien, es muy común que los niños falten a clases de vez en cuando por diversas razones, nunca había sido dirigido por el Señor a orar específicamente por ninguno de ellos. ¡Esa niña fue la primera! El Señor me dijo muy claramente que orara para que su protección estuviera sobre esa pequeña y la cubriera con su preciosa sangre.

Al día siguiente, hubo una gran conmoción en la escuela y me enteré que la niña había sido secuestrada por un conocido asesino en serie esa misma tarde cuando el Señor me había dicho que orara por ella. El asesino, Adrian Lim, había secuestrado a varios niños para sacrificarlos al diablo. Él creía que Satanás le daba poder cuando ofrecía la sangre de ellos.

Los próximos dos días, la niña de mi clase estuvo en todos nuestros medios de comunicación nacionales ya que había sido milagrosamente liberada. Por dicha, fue la única niña liberada. Todos los demás niños secuestrados fueron brutalmente asesinados.

Cuando regresó a la clase, le pregunté cómo fue liberada. Ella me dijo que su secuestrador estaba "orando" por ella cuando de repente se detuvo y le dijo: "Los dioses no te quieren". Así que fue puesta en libertad pronto, esa misma noche. Por supuesto, tú y yo sabemos por qué los "dioses" no la querían, ¡porque estaba cubierta y protegida por la sangre de Cristo!

Observa lo que estoy diciendo. Hoy, en Estados Unidos y en todo el mundo, el diablo está tratando de destruir a una nueva generación porque tiene miedo de que los jóvenes del nuevo milenio vayan a tomar el mundo para Cristo. Es por eso que tenemos que cubrir nuestros niños con la protección de Jesús.

Te lo digo porque quiero que veas la importancia y el poder de ejercitarse en la presencia de Jesús. Como maestro en ese tiempo, mi clase era mi responsabilidad, al igual que mi congregación es mi responsabilidad hoy. Reflexiona conmigo: ¿Cómo podría yo, con mi conocimiento e inteligencia finitos, saber que una de mis estudiantes estaba en grave peligro? ¡No es posible! Pero dado que el Señor, que conoce todas las cosas, estaba conmigo, me permitió hacer una diferencia en la vida de mi estudiante.

Del mismo modo, cualquiera sea la función o vocación en la cual te encuentres, si eres maestro de escuela, líder de negocios o de ama de casa, quiero que sepas que Jesús está contigo y que quiere que tengas éxito. Ahora, recuerda, todo eso me sucedió antes de ser pastor a tiempo completo, así que por favor no pienses que este favor inmerecido de Jesús es sólo para pastores. Amado, su favor inmerecido es para ti. El Señor Emanuel está **contigo**.

Oración de hoy

Padre, te doy gracias porque siempre estás conmigo. Nunca me dejarás ni me abandonarás. Y puesto que tu presencia siempre está conmigo, siempre estoy protegido, bendecido, soy preciso y eficaz en todo lo que tengo que hacer y en todo papel y lugar en el que me encuentre.

Pensamiento de hoy

Sienta o no algo, el Señor Emanuel está conmigo ahora mismo.

Reflexión de hoy sobre el favor inmerecido

_____

_____

_____

_____

_____

_____

_____

_____

_____

_____

_____

DÍA 14

Tus temores y ansiedades se disipan en la presencia de Dios

❖

Escritura de hoy

*Los montes se derritieron como cera delante
de Jehová... —Salmo 97:5*

No importa dónde estés, el Señor está contigo. Incluso en medio de tus temores, mientras estás solo en tu habitación, Él está allí contigo. En el momento que empieza a estar consciente de su presencia y la cultivas, todos tus miedos, ansiedades y preocupaciones se derretirán como la mantequilla en un día caluroso, o como dice el salmista David: "Las montañas se derritieron como cera delante de Jehová..."

**Se necesita la presencia del Señor para
mantenerte libre de preocupaciones.**

Tú mismo no puedes tratarte sicológicamente el temor o la preocupación. No puedes decirte simplemente: "Vamos, deja de preocuparte. No hay nada de qué preocuparse". Sencillamente no es así. La carga seguirá mirándote fijamente al rostro y tus problemas seguirán siendo tan insuperables como siempre, no importa cuánto te esfuerces para eliminarlos. Eso es lo que el mundo está tratando de hacer, pero no funciona. Se necesita la presencia del Señor para mantenerte libre de preocupaciones.

Jesús no te pide que te animes y vivas en un estado de negación. ¡De ninguna manera! Lo que Él dice es: "En medio de tu aflicción, yo soy tu escudo. Yo soy tu defensor. Yo soy tu fortaleza. Yo soy tu refugio. Yo soy tu fuente. Yo soy tu sanidad. Yo soy tu proveedor. Yo soy tu paz. Yo soy tu alegría. Yo soy tu sabiduría. Yo soy tu fuerza. ¡Yo soy la gloria y el que te levanta la cabeza!" (Salmo 3:3). ¡Amén! Él no te está pidiendo que

47

pretendas que los hechos no están allí. Él quiere que te des cuenta de que
¡ÉL ESTÁ CONTIGO!

Cuando sabes que Él está contigo y por ti, y pones tus problemas en
sus manos poderosas, empiezas a apreciar de manera más precisa cuán
"grandes" son tus problemas. Cuando estaban en tus manos, el peso y la
carga de tus problemas pudieron haberte aplastado. Sin embargo, cuando involucras a Jesús, los problemas una vez monumentales ¡se vuelven
microscópicos comparados con la grandeza de su amor y bondad contigo!

Hoy, mientras consideres todo lo que necesitas hacer y lo que se espera
de ti, ve a Jesús allí contigo. Él es la fuente de sabiduría, paz y fortaleza.

Oración de hoy

Padre, reconozco que no puedo tratarme psicológicamente mis
miedos y preocupaciones. Por lo tanto, echo toda mi ansiedad
y la pongo en tus manos, tú eres mi escudo, mi fortaleza, mi
sanidad, mi fuente, mi paz, mi sabiduría y mi fuerza. Gracias
por tu gracia y por cuidar de todos mis problemas actuales.

Pensamiento de hoy

Una vez que echa tus monumentales problemas en Jesús,
se convierten en microscópicos en sus manos poderosas.

Reflexión de hoy sobre el favor inmerecido

_____

_____

_____

_____

_____

_____

_____

_____

¡Dios está a tu favor hoy!

❖

Escritura de hoy

¿Qué, pues, diremos a esto? Si Dios es por nosotros,
¿quién contra nosotros? —Romanos 8:31

Romanos 8:31 contiene una poderosa pregunta retórica, te animo a
que la memorices. Por desdicha, todavía hay algunos creyentes pregun-
tándose: "¿Está Dios realmente por mí?" Bueno, mi amigo, la Palabra de
Dios NO dice "tal vez Dios es por nosotros" o "con suerte, Dios es por
nosotros". Simplemente afirma: "Si Dios es por nosotros, ¿quién contra
nosotros?" En efecto, cuando Dios es por ti, ¿qué oposición puede tener
éxito en tu contra? Cuando Dios mismo lucha por ti, te defiende y reivin-
dica, ¿que adversidad o adversario puede erguirse en contra tuya? ¡Ninguno! ¡Aleluya!

Dios es por ti hoy debido a de la sangre del
Cordero perfecto, Jesucristo.

"Pero, pastor Prince, ¿cómo vino Dios a estar de nuestro lado? A pesar de
ser cristiano hoy, todavía fallo y no cumplo todas las santas normas de Dios.
Todavía me enfado en el camino de vez en cuando, y de cuando en cuando,
todavía me enojo con mi esposa e hijos. ¿Por qué va a estar Dios de mi lado
cuando yo fallo? ¿No sabe usted que Dios es santo?"

Muy buenas preguntas. Déjame decirle por qué Dios está a nuestro
favor. La respuesta se encuentra en la cruz. La sangre que Jesucristo, el
Hijo de Dios, derramó en la cruz puso a Dios de tu lado. Hoy, Dios puede estar a tu favor, incluso aunque falles, ¡porque la sangre de Cristo te ha
lavado y puesto más blanco que la nieve!

¿Has visto la película *Los Diez Mandamientos*, de Cecil DeMille, o el
dibujo animado *El Príncipe de Egipto*? ¿Te acuerdas de lo que ocurrió en

la noche de la Pascua? Los hijos de Israel aplicaron la sangre del cordero a los dinteles de sus puertas. ¿Qué hizo la sangre? ¡La sangre puso a Dios de su lado! Ninguna de las familias que habían aplicado sangre a los dinteles de las puertas tuvo que temer la muerte de sus hijos primogénitos.

Ahora, piensa en esto por un momento. ¿Fueron los hijos primogénitos de Israel salvados esa noche debido a su comportamiento y conducta perfecta, o por la sangre del cordero? ¡Por supuesto, fue a causa de la sangre del cordero!

De la misma manera, Dios no le ha de bendecir, como creyente del nuevo pacto, basado en su comportamiento y conducta perfecta. Él es **por usted** hoy debido a la sangre del Cordero perfecto: Jesucristo. Es por eso que como creyentes hoy, no tenemos que luchar por nosotros mismos. Me gusta decirlo de esta manera: "Si Dios es por nosotros, ¿quién puede venir con éxito contra nosotros?".

Recuerda siempre que Dios está de tu lado hoy, por la sangre de Jesús. La santidad y la justicia de Dios, a las cuales los hombres temen, están ahora a tu favor por la sangre de Cristo. Su favor inmerecido está de tu lado y todos los recursos del cielo son tuyos, ¡por la sangre de Jesús! Ahora bien, ¿quién puede venir con éxito contra ti? Ninguna dolencia, ninguna enfermedad, ningún acreedor, ninguna mala acusación, ni chismes, ¡ninguna arma forjada contra ti, puede tener éxito (Isaías 54:17)!

Oración de hoy

Padre, te doy gracias porque estás de mi lado y porque eres por mí hoy debido a la sangre de Jesús derramada. Tu santidad, tu justicia y tu favor están de mi lado y todos los recursos del cielo son míos no a causa de mi bondad, sino solo por la sangre de Jesús. Ayúdame a recordar que debido a que su sangre vale para mí para siempre, tú eres siempre por mí y por mi bienestar.

Pensamiento de hoy

Si Dios es por mí por la sangre de Jesús, entonces nadie —nada— puede venir con éxito contra mí.

Reflexión de hoy sobre el favor inmerecido

Simplemente hay algo especial en ti

❖

Escritura de hoy

Mas vosotros sois linaje escogido, real sacerdocio, nación santa, pueblo adquirido por Dios, para que anunciéis las virtudes de aquel que os llamó de las tinieblas a su luz admirable. —1 Pedro 2:9

Es la manifiesta presencia del Señor, su glorioso poder trabajando en tu corazón a través de tus manos, lo que hará que todo lo que toques prospere con resultados a la manera de Jesús. De hecho, incluso hasta tu más duro crítico tendrá que concluir que el Señor está contigo y está prosperando la obra de tus manos.

Puesto que Jesús está contigo, ¡espera buen éxito en todo lo que hagas!

Amado, deja de mirar tus circunstancias externas o la posición en la que te encuentras. Ya sea que tu empleador sea creyente o no, ¡Jesús puede hacer prosperar TODO lo que hagas cuando dependes de su favor inmerecido en tu carrera! Y créeme, cuando eso comienza a suceder, tu empleador se sentará y observará que hay algo especial en ti. ¡Te destacarás entre la multitud! Recuerda que el mismo Señor que estaba con José está contigo hoy. Su nombre es Jesús y dado que está contigo, ¡puedes esperar buen éxito en todo lo que hagas!

Por ejemplo, cuando te encarguen de un proyecto de ventas, confía en que tu equipo de ventas alcanzará los niveles récord nunca antes logrados en tu organización. Cuando estés supervisando las finanzas de una empresa, cree que vas a encontrar la manera legal para ayudar a tu empresa a ahorrar en gastos de operación y a aumentar su flujo de efectivo como nunca antes. Cuando te den una posición de desarrollo de negocios, cree que Jesús hará que las puertas que siempre han estado cerradas a tu compañía sean abiertas para ti debido a su favor inmerecido para tu vida. Tal vez tu negocio sea sólo una pequeña empresa de información tecnológica puesta en marcha en el Valle Silicón, pero por alguna razón, le caes bien a todos los grandes en Microsoft, IBM y Oracle. Ellos no pueden identificar exactamente qué eres, pero hay algo especial en ti que los hace competir para encontrar maneras de colaborar contigo, ¡haciendo de ti un mimado por elección!

Tal vez seas una ama de casa. También puedes esperar que la presencia de Jesús en tu vida te dé favor con tus hijos. En vez de resistirte y discutir constantemente contigo, ellos te encontrarán a ti y a tus palabras irresistibles. Dios puede aumentar tu influencia sobre ellos.

Mi amigo, ese es el favor inmerecido de Dios en acción. En lo natural, es posible que no estés calificado y no tengas experiencia, pero recuerda que todas tus descalificaciones existen en el reino de lo natural. Tú, amado, ¡vives y operas en el reino de lo sobrenatural! El Señor Jesús está contigo ciento por ciento. Eres una persona de éxito a los ojos del Señor y, en la medida en que dependas de Él, Él hará que todo lo que tus manos toquen prospere.

Oración de hoy

Señor Jesús, te doy gracias porque tengo el favor de mis jefes, colegas y clientes puesto que estás conmigo. Y debido a tu presencia en mi vida, sé que no puedo hacer otra cosa que destacar en mis proyectos y asignaciones. Decido no condicionar mi falta de calificaciones y experiencia. Al contrario, espero ver buenos resultados en mis relaciones con las personas y en todo lo que necesito hacer hoy.

Pensamiento de hoy

¡Soy especial porque Jesús está conmigo!

Reflexión de hoy sobre el favor inmerecido

Sin Jesús, no podemos. Sin nosotros, Él no hará

❖

Escritura de hoy

Yo soy la vid, vosotros los pámpanos; el que permanece en mí, y yo en él, éste lleva mucho fruto; porque separados de mí nada podéis hacer. —1 Pedro 2:9

En más de dos décadas de ministerio, he aprendido esto de parte del Señor: Sin Él, no podemos. Sin nosotros, Él no hará. Eso significa simplemente que tenemos que reconocer el hecho de que si no dependemos de Jesús, no puede haber éxito verdadero, perdurable y duradero; sin Él, no podemos. La Biblia nos dice que si el Señor no edifica la casa, en vano trabajamos (Salmo 127:1). Los creyentes que quieren disfrutar su éxito necesitan reconocer esta verdad y empezar a depender de Jesús y de Él solamente.

Si no dependemos de Jesús, no puede haber éxito verdadero, perdurable y duradero.

Hay algunos creyentes que quizás no lo digan pero, en sus corazones, creen que sin Jesús todavía pueden tener éxito. Al creer y actuar basados en ello, caen desde el alto lugar de la gracia de Dios (su favor inmerecido) a la ley otra vez, de nuevo a tratar de ganar puntos y merecer el éxito por sus propios esfuerzos. La Palabra de Dios nos dice: "Aquellos de entre ustedes que tratan de ser justificados por la ley, han roto con Cristo; han caído de la gracia [favor inmerecido]" (Gálatas 5:4, NVI).

Estas son palabras de advertencia fuertes. Una vez que comienzas a depender de tus propios méritos y esfuerzos para merecer el favor de Dios, estás de vuelta al sistema de la ley. Has roto con Cristo y has caído desde el lugar donde tiene su favor inmerecido trabajando en tu vida. No me malinterpretes, Jesús todavía está contigo (Él nunca te desamparará ni te dejará [Hebreos 13:5]), pero al depender de tu propio esfuerzo, rompes efectivamente con su favor inmerecido en tu vida.

Por tanto, ¿qué quiero decir cuando afirmo: "Sin nosotros, Él no hará"? Pues bien, Jesús es un caballero. Él no te hará tragar su favor inmerecido y su éxito a la fuerza. Él necesita que le permitas trabajar en tu vida. Él espera pacientemente a que confíes en Él. Espera pacientemente a que dependas de su favor inmerecido, de la manera en que José confió y dependió totalmente de la presencia del Señor, hasta que su presencia manifiesta tomó el control, y su gloria irradiaba de todo lo que José tocaba.

Amado, aprendamos rápidamente que sin Jesús no podemos tener éxito, y si optamos por no responder a su favor inmerecido, Él no lo forzará en nosotros. El favor inmerecido de Dios fluye de modo inagotable hacia nosotros y Jesús está esperando que lleguemos al final de nosotros mismos. Él está esperando que dejes de luchar por tus propios medios para de alguna manera "merecer" su favor, y que sólo dependas de Él. Así que, en las áreas donde todavía estás dependiendo de tus propios esfuerzos para triunfar, empieza a descansar en el favor inmerecido de Jesús ¡comienza a experimentar su presencia manifiesta y la gloria en todo lo que toques!

❖

Oración de hoy

Señor Jesús, reconozco que sin ti no puedo experimentar un buen éxito duradero. Por favor, aumenta mi capacidad para recibir tu favor inmerecido que está siempre fluyendo hacia mí. Hoy decido depender de tu favor inmerecido. Quiero experimentar tu presencia y gloria manifiesta en todo lo que toque.

Pensamiento de hoy

Voy a dejar de esforzarme para conseguir lo que quiero con mis propios intentos. Voy a depender de Jesús y a recibir su favor inmerecido.

Reflexión de hoy sobre el favor inmerecido

¡Qué clase de amigo tenemos en Jesús!

❖

Escritura de hoy

… amigo hay más unido que un hermano. —Proverbios 18:24

MI AMIGO, DIOS está hoy contigo debido a su precioso Hijo, Jesús. Porque de tal manera amó Dios al mundo, que dio a su único Hijo, y su nombre es Emanuel. Dios nos dio a Jesús. La presencia de Jesús en tu vida es un don gratuito de Dios. No hay una cantidad de bien que puedas hacer para ganar la presencia de Jesús. No hay un número de buenas obras que puedas realizar para merecer su favor. Su presencia en tu vida es un don gratuito. Ahora, debido a que no hiciste nada para merecer su presencia, no hay nada que puedas hacer que haga que su presencia te deje. Una vez que hayas recibido a Jesús en tu corazón, ¡Nunca te desamparará ni te dejará (Hebreos 13:5)!

Jesús es un amigo fiel, confiable y digno de confianza.

"Pero pastor Prince, cuando fallo, ¿no me deja Jesús?"

No, Jesús está justo a tu lado para animarte y restaurarte en tu totalidad. Puedes decir: "¡Pero no me lo merezco!" Eso es correcto. Eso es lo que lo hace su favor inmerecido en tu vida. Hay un hermoso salmo que dice: "Por Jehová son ordenados los pasos del hombre, y él aprueba su camino. Cuando el hombre cayere, no quedará postrado, porque Jehová sostiene su mano" (Salmo 37:23–24). Cuando fallas, Jesús está ahí para sostenerte. A diferencia de algunos de sus llamados "amigos", Él simplemente no se va. Puedes contar con Él. Ya que es un amigo fiel, confiable y digno de confianza. Incluso aunque le hayas fallado, Él está contigo, listo para recogerte y restaurarte en tu totalidad. ¡Amén! La Biblia habla acerca de un amigo que "es más unido que un hermano". ¡Ese es Jesús!

Amado, apóyate en su presencia constante. Saca de su fuerza inagotable y apoyo para ti hoy.

Oración de hoy

Señor Jesús, te doy gracias porque aun cuando caiga, no voy a estar totalmente abatido ya que me sostendrás con tu justa mano derecha. Puedo contar contigo para que me recojas y restaures en mi totalidad. Gracias por tu fidelidad conmigo y por tu presencia constante y confiable en mi vida todos los días.

Pensamiento de hoy

Aun cuando le he fallado, Jesús está justo a mi lado, listo para levantarme y restaurarme en mi totalidad.

Reflexión de hoy sobre el favor inmerecido

_____

_____

_____

_____

_____

_____

_____

_____

_____

_____

_____

_____

_____

_____

Bendecido con buen éxito
para ser de bendición

❖

Escritura de hoy

Y haré de ti una nación grande, y te bendeciré, y engrandeceré tu nombre, y serás bendición. —Génesis 12:2

No nos equivoquemos en esto: Dios quiere que tengamos éxito. Sin embargo, no quiere que nos aplaste. Estoy seguro que has oído muchas historias de personas que reciben un golpe de suerte repentina cuando reciben una gran herencia o ganan el primer premio en una lotería. Sin embargo, para algunas de esas personas, la riqueza súbita no les dio una vida mejor. En su lugar, sabemos que, en muchos casos, corrompió y destruyó sus vidas.

¡Dios quiere bendecirte para que puedas ser de bendición!

A menudo, esas personas fueron incapaces de lidiar con su llamado "éxito", terminaron dejando a sus mujeres y permitieron que sus familias se destruyeran ante sus ojos. Tal vez compraron todo tipo de cosas y vivían en casas grandes. Sin embargo, aun así sentían una sensación crónica de soledad, vacío e insatisfacción. La triste realidad es que muchos de los que se toparon con esa riqueza súbita derrocharon todo por la borda, y algunos incluso se fueron a la quiebra. Tales resultados claramente no son los que da Jesús, ni es tampoco el éxito que da Jesús. Permítanme aclarar desde el principio: Dios no tiene ningún problema con que tengas dinero, ¡pero no quiere que el dinero te tenga a ti!

"Pero, pastor Prince, ¿cómo puede decir que Dios no tiene ningún problema con que nosotros tengamos dinero? ¿No dice la Biblia que el dinero es la raíz de todo mal?"

Espere un minuto, eso no está en la Biblia. Vamos a ser bíblicamente correctos. Lo que la Biblia dice es esto: "Porque raíz de todos los males es el amor al dinero…" (1 Timoteo 6:10). ¿Puedes ver la diferencia? Tener dinero no lo hace a uno malo. Es la obsesión y el amor intenso por el dinero lo que conlleva a toda clase de mal. Sólo porque alguien no tenga dinero en el bolsillo no significa que sea un santo. Puede muy bien estar pensando, soñando y codiciando el dinero todo el día. No es necesario tener mucho dinero para sentir amor por él. Si una persona está siempre comprando billetes de lotería, va a los casinos y juega al azar en el mercado de valores, tiene claramente amor por el dinero. Está obsesionado con conseguir más dinero.

Cuando Dios llamó a Abraham, le dijo: "… te bendeciré… y serás bendición" (Génesis 12:2). Los que somos creyentes del nuevo pacto en Cristo somos llamados descendientes de Abraham (Gálatas 3:29) y al igual que este, estamos llamados a ser bendición. Ahora bien, ¿cómo podemos ser bendición si no somos bendecidos en primer lugar? ¿Cómo podemos ser una bendición para los demás cuando siempre acarreamos enfermedades, vivimos al día, sin tener lo suficiente para nuestra propia familia y siempre tenemos que pedir prestado a los demás? De ninguna manera, mi amigo. Dios quiere que estés sano y fuerte, y quiere que tengas más que suficientes recursos financieros para que puedas ser generoso con tus familiares, amigos, comunidad o cualquier persona que necesite ayuda. ¿Cómo puedes estar en condiciones de ayudar a otros si necesitas toda la ayuda posible? Definitivamente no es lo mejor de Dios para ti si apenas tienes para ti mismo. ¡Él quiere bendecirte para que puedas ser de bendición!

❖

Oración de hoy

Padre, gracias por querer bendecirme con más que suficiente, para que pueda ser una bendición para los demás, especialmente a los necesitados. Dame el tipo de éxito que da Jesús, que no me aplaste, sino que sea un testimonio de tu bondad y tu gracia.

Pensamiento de hoy

*Dios no tiene ningún problema con que yo tenga dinero,
¡pero no quiere que el dinero me tenga a mí!*

Reflexión de hoy sobre el favor inmerecido

_____

_____

_____

_____

_____

_____

_____

_____

_____

_____

_____

_____

_____

_____

_____

_____

_____

_____

_____

_____

_____

_____

_____

_____

_____

El secreto al buen éxito

❖

Escritura de hoy

La bendición de Jehová es la que enriquece, y no
añade tristeza con ella. —Génesis 12:2

Dios no sólo quiere que experimentes el éxito en tu vida. Quiere que tengas buen éxito. ¿Es que acaso existe tal cosa como el "éxito malo"? Sí, y estoy seguro que lo has visto. Hay personas que se esfuerzan por alcanzar grandes logros de acuerdo a la definición del mundo. Tal vez sean los que mueven y estremecen la economía, personajes famosos que moran en viviendas fabulosas o estrellas del deporte que hacen millones de dólares a la semana golpeando o dando patadas a un balón. Sin embargo, para algunas de esas personas, lo que tienen es sólo éxito en cuanto a acumular riqueza.

Tener éxito económico por sí solo no es lo mismo que tener buen éxito. El buen éxito es integral e impregna cada aspecto de tu vida.

Pero, amigo mío, tener éxito económico por sí solo no equivale a tener buen éxito. El buen éxito es integral y permea todo el espectro de tu vida. Si echaras un vistazo más de cerca a las personas que sólo tienen éxito financiero, verás que otras áreas de sus vidas están sufriendo. Por ejemplo, si bien pueden tener un montón de dinero, sus vidas podrían estar marcadas por un matrimonio roto tras otro. Amado, el ser un éxito en público pero un fracaso en privado ¡no es buen éxito en lo absoluto!

Se convierten en víctimas de su propio éxito profesional y, para mantenerse en el "éxito" que han creado en el despiadado mundo corporativo, permiten que sus vidas les pasen como una bala. Ellos pueden haber ganado más dinero del que necesitaban, pero no pueden disfrutar de sus cónyuges y sus hijos, los que crecen sin realmente conocerlos.

Observa esto: Incluso si ganas la carrera de ratas después de corretear todo el día, ¡todo lo que has logrado es la condición de rata número uno! ¿Vale realmente la pena sacrificar tu matrimonio y tus hijos por eso? No te sepultes tú mismo simplemente subiendo la escala corporativa. Asegúrate de que la escala es colocada contra el edificio correcto, y no esperes a llegar a la cima antes de percatarte de que no es lo que realmente quieres de la vida.

A menudo le digo a mi congregación que deben creer en Dios no sólo en cuanto a un trabajo, sino también para depender de su favor en cuanto a una posición de influencia. Sin embargo, también les recuerdo que deben tener cuidado de no conseguir un ascenso incongruente con las bendiciones, porque no todas las promociones son necesariamente lo mejor de Dios para ellos.

¿Sabes que puedes ser promovido aparte del buen éxito que estás disfrutando a una posición en la que vas a disfrutar de un éxito parcial? Esa promoción que recibes también puede venir con las nuevas responsabilidades que te harán poner en peligro tu tiempo con tu familia y alejarte de estar en la casa de Dios. De repente, en lugar de estar en la casa de Dios en la mañana del domingo y llevar a tus hijos a un picnic después de la iglesia, te encuentras en la oficina cada fin de semana. Tal vez necesites responder correos electrónicos urgentes, resolver grandes crisis, asistir a reuniones urgentes de la directiva o tomar otro viaje crítico de negocios. Ya ves, todo puede sonar muy legítimo, pero ¿es este el "buen éxito" que Dios quiere para ti?

Escucha con atención lo que estoy diciendo. Estoy a favor de que seas promovido en tu lugar de trabajo. De hecho, ¡creo que Dios puede promoverte mucho más allá de tu calificación académica y experiencia laboral! Basta con mirar lo que Dios hizo por José. Fue ascendido de esclavo (la posición más baja posible) a supervisor de la casa de Potifar. E incluso cuando fue echado en la cárcel, el favor del Señor lo llevó a ser ascendido de nuevo y se convirtió en el supervisor de todos los prisioneros.

¡José experimentó una promoción tras otra hasta que se convirtió en el primer ministro de Egipto (la posición más alta posible)! No hay duda de que Dios quiere promoverte. Pero nota que los ojos de José no estaban fijos en ninguna de las promociones que recibió. Sus ojos estaban fijos en el Señor en cada paso del camino. Eso lo hizo sentir seguro para la siguiente promoción y creció en el buen éxito que el Señor tenía para él.

Amado, mientras dependas de su favor inmerecido para llevarte a un lugar de influencia y abundancia, sé consciente de la bondad de Jesús contigo. Esto te mantendrá caminando en la clase de éxito que realmente te bendice y te convierte en bendición para otros.

Oración de hoy

Padre, te doy gracias porque puedes y quieres promoverme más allá de mi calificación académica, habilidades naturales y experiencia laboral. Ya que sólo quieres que tenga buen éxito, te pido que abras puertas de oportunidades buenas para mí y cierres las malas. Ayúdame a mantener siempre los ojos en Jesús para que las promociones y el éxito no drenen lo mejor de mí.

Pensamiento de hoy

Fijar los ojos en Jesús me hace sentir seguro para el buen éxito que Él tiene para mí.

Reflexión de hoy sobre el favor inmerecido

DÍA 21

Éxito seguro, mantén tus ojos en Jesús

❖

Escritura de hoy

Mas buscad primeramente el reino de Dios y su justicia,
y todas estas cosas os serán añadidas. —Mateo 6:33

LA PALABRA DE Dios dice: "Mas buscad primeramente el reino de Dios y su justicia, y todas estas cosas os serán añadidas". Ahora bien, ¿qué es el Reino de Dios? El apóstol Pablo nos dice en Romanos 14:17 que el Reino de Dios no es comida ni bebida, sino "justicia, paz y gozo en el Espíritu Santo".

> **Cuanto más te enfoques en contemplar a Jesús en toda su belleza y menos luches por ganar las cosas por tus propios méritos, más seguro vas a estar para un éxito mayor.**

Si mantienes los ojos fijos en Jesús y buscas el Reino de Dios, el cual es la justicia de Cristo, su paz y su alegría, la Palabra de Dios promete que "todas estas cosas" te serán añadidas. "Estas cosas" se refieren a lo que vas a comer, beber y vestir. Jesús dice que no tienes que ser consumido por esos problemas. Si tu Padre alimenta hasta los pájaros del aire, a pesar de que no siembran, ni siegan, ni recogen en graneros, ¿cuánto más podrá cuidar de ti, que eres de mucho más valor para Él que las aves (Mateo 6:25–32)?

Amado, mantén los ojos en Jesús y en su obra terminada en la cruz. Él añadirá las cosas que necesitas en esta vida para ti y para hacer que estés seguro para el éxito. Ahora bien, ve conmigo al libro de Jeremías para ver lo que el Señor dice acerca de tener riquezas, sabiduría y poder.

"Así dijo Jehová: No se alabe el sabio en su sabiduría, ni en su valentía se alabe el valiente, ni el rico se alabe en sus riquezas. Mas alábese en esto el que se hubiere de alabar:

en entenderme y conocerme, que yo soy Jehová, que hago misericordia, juicio y justicia en la tierra; porque estas cosas quiero, dice Jehová".

—JEREMÍAS 9:23–24

Seamos un pueblo que no dependa de nuestra propia sabiduría, poder y riquezas (en resumen, nuestros propios méritos), sino más bien, que nuestra jactancia (dependencia) sea por entender y conocer a Jesús. Sabemos que Él es misericordioso y lleno de favor inmerecido con nosotros. Sabemos que ejecuta justicia contra todas las injusticias. Sepan que Él mismo es la justicia y que nos viste con sus ropas de justicia. Cuanto más te enfoques en la contemplación de Jesús en toda su hermosura y menos luches para obtener las cosas por tus propios méritos, más seguro vas a estar para un mayor éxito.

Oración de hoy

Padre, dame seguridad ante el éxito. Quiero saber más sobre la belleza de Jesús y la perfección de su amor por mí, así que voy a aprender a no depender de mi sabiduría y fortaleza, pero a depender de Jesús y Jesús solamente. Por favor, dame una mayor revelación de la justicia de Cristo, la paz y la alegría que ayudarán a proteger mi corazón de la preocupación y los temores y hacerme fuerte para un mayor éxito.

Pensamiento de hoy

Cuando busco la justicia, la paz y la alegría de Jesús, ¡la Palabra de Dios promete que lo que necesite en la vida me seguirá!

Reflexión de hoy sobre el favor inmerecido

_____

_____

_____

_____

_____

Anhela el favor inmerecido de Dios, no el favoritismo

Escritura de hoy

Los patriarcas, movidos por envidia, vendieron a José para Egipto; pero Dios estaba con él y le libró de todas sus tribulaciones, y le dio gracia y sabiduría delante de Faraón rey de Egipto, el cual lo puso por gobernador sobre Egipto y sobre toda su casa. —Hechos 7:9–10

Es importante que reconozcas que hay una diferencia importante entre el **favor inmerecido de Dios** y el **favoritismo**. El favor inmerecido de Dios se basa enteramente en los méritos de Jesús, y lo recibimos a través de su obra terminada en la cruz. No hicimos nada para merecer su favor. Es completamente inmerecido. El favoritismo, sin embargo, huele a esfuerzo propio. Las personas que dependen del favoritismo para su promoción tienen que recurrir a la adulación, políticas de oficina, tácticas manipuladoras, traiciones y todo tipo de concesiones, sólo para obtener lo que quieren. Utilizan todos sus esfuerzos para abrir puertas para ellos mismos y, en el proceso, se pierden.

¡No tienes que depender del favoritismo para mantener las oportunidades latentes cuando tienes el favor inmerecido de Dios!

Dios tiene una forma más alta y mejor para ti. Le duele ver a sus hijos preciosos rebajarse al nivel de aduladores, para salir adelante en la vida. ¡Si una puerta se cierra, así sea! Cree con plena confianza que Dios tiene otra mejor para ti. ¡No tienes que depender del favoritismo para mantener las oportunidades latentes cuando tienes el favor inmerecido de Dios!

Así es como José actuaba. Dependía del Señor para su éxito, no del favoritismo, lo cual le habría obligado a comprometer sus creencias.

Cuando la esposa de Potifar seguía tratando de seducir a José para que durmiera con ella, el joven se mantuvo firme basado en el favor inmerecido. Por cierto, creo que José se enfrentó a una verdadera tentación. No hay que olvidar que Potifar era un oficial de alto rango. Era capitán de la guardia, un hombre de posición, influencia y riqueza. Como hombre de mundo, no se habría casado con una mujer fea por su belleza interior ¡y sin duda no se habría casado con alguien que se viera anciana! Definitivamente habría elegido a una mujer joven y hermosa como su esposa, ella era posiblemente una de las mujeres más bellas de esas tierras.

Así que no hay duda de que ella era una verdadera tentación para José, ¡y es por eso que tuvo que correr! Esa mujer no sólo lo tentó una vez. La Biblia dice que ella "[hablaba] a José cada día", incitándolo a acostarse con ella (Génesis 39:10). Pero José se negó, diciendo: "No hay otro mayor que yo en esta casa, y ninguna cosa me ha reservado [Potifar] sino a ti, por cuanto tú eres su mujer; ¿cómo, pues, haría yo este grande mal, y pecaría contra Dios?" (Génesis 39:9).

De sus palabras, está claro que José conocía la fuente de su éxito, favor y bendiciones. Él no vio el ceder a la mujer de Potifar como una gran maldad y pecado contra Potifar solamente, sino también contra Dios. Sabía que todas las bendiciones que había experimentado eran resultado del favor **del Señor** sobre él. Sabía que no había sido Potifar quien lo promoviera desde la posición de esclavo hasta convertirlo en el capataz de la finca entera de Potifar. ¡Fue el Señor!

Es lo mismo con tu vida, reconoce y regocíjate de que ¡la fuente de tu bendición y de tu éxito es el Señor! No tienes que recurrir a tratar de ganarte el favor de las personas importantes. Es el favor del Señor sobre ti lo que te establece para obtener reconocimiento, promoción y aumento.

Oración de hoy

Padre, te doy gracias porque estás conmigo y no contra mí. Estás interesado en mi éxito y debido a que tu favor inmerecido está sobre mí, no tengo que recurrir a la adulación, a puñaladas por la espalda ni a ningún tipo de concesión sólo para salir adelante en la vida. Hoy descanso en tu amor y tus buenos planes para establecerme con éxito.

Pensamiento de hoy

Sólo Dios es la fuente de mi éxito, mi favor y mis bendiciones.

Reflexión de hoy sobre el favor inmerecido

_____

_____

_____

_____

_____

_____

_____

_____

_____

_____

_____

_____

_____

_____

_____

_____

_____

_____

_____

_____

_____

_____

_____

_____

_____

No pierdas la presencia de Dios

❖

Escritura de hoy

Porque él dijo: No te desampararé, ni te dejaré. —*Hebreos 13:5*

Hubo un tiempo bajo la ley del Antiguo Testamento en que Dios estaba contigo solamente cuando obedecías por completo. Pero cuando fallabas, te dejaba. Sin embargo, hoy tú y yo estamos bajo un pacto completamente diferente y Dios nunca nos dejará. ¿Por qué? Debido a lo que Jesús hizo en la cruz. Ahí, se convirtió en nuestro holocausto. Llevó nuestros pecados y nuestro castigo. El juicio de Dios contra nuestros pecados cayó sobre Él, que fue abandonado en la cruz por su Padre para que hoy nosotros podamos tener la presencia constante, incesante de Dios en nuestras vidas.

Cuando estás haciendo bien, Él está contigo. Incluso cuando fracasas, ¡todavía está contigo!

Jesús exclamó: "Dios mío, Dios mío, ¿por qué me has desamparado?" para que tú y yo supiéramos exactamente lo que sucedió en la cruz (Mateo 27:46). Ahí es donde se llevó a cabo el intercambio divino. En la cruz, Jesús tomó nuestros pecados y entregó la presencia de Dios, mientras nosotros tomamos la justicia de Jesús y recibimos la presencia de Dios que Jesús tenía. La presencia de Dios es ahora nuestra por la eternidad. ¡Qué clase de intercambio divino!

Echa un vistazo conmigo a lo que la Biblia dice acerca de nuestra herencia en Cristo: "Porque él dijo: No te desampararé, ni te dejaré; de manera que podemos decir confiadamente: El Señor es mi ayudador; no temeré lo que me pueda hacer el hombre" (Hebreos 13:5–6). ¡Qué confianza podemos tener hoy! ¿Sabes lo que significa aquí "nunca"? Significa que cuando estás animado, Él está contigo. Cuando estás decaído, Él está contigo. Cuando estás feliz, Él está contigo. Cuando estás triste, Él está contigo. Cuando estás haciéndolo bien, Él está contigo. Incluso cuando fracasas, ¡Él todavía está contigo! ¡A eso es que se refiere Jesús cuando dijo que nunca te desamparará ni te dejará!

En caso de que todavía no estés convencido, déjame mostrarte lo que dice en el texto original griego. Cuando Dios dijo: "**Nunca** te desampararé, **ni** te dejaré", se emplea una "doble negativa"[1] para transmitir el sentido más fuerte posible de "nunca" en el idioma griego. Se utilizan las palabras griegas ou me, que en esencia significan, "nunca jamás". Y esta doble negación aparece dos veces en esta declaración de parte del Señor. Ou me se utiliza para "nunca" y para "ni". En otras palabras, Dios está diciendo: "¡Yo nunca, nunca te desampararé y nunca, nunca te dejaré!" La Biblia Amplificada pone de manifiesto la fuerza de lo que Dios realmente quiso decir:

> De ninguna manera voy a fallarte ni a abandonarte ni a dejarte sin mi apoyo. ¡[Yo] no, [Yo] no, [Yo] no te dejaré a ningún grado desamparado ni abandonado ni [te] fallaré (soltaré mi agarre de ti)! [¡Ciertamente que no!]
> —HEBREOS 13:5 (TRADUCCIÓN LIBRE).

¡Asombroso! ¡Eso es lo que Jesús ha hecho por nosotros! ¡Nos ha dado la presencia constante de Dios! Mi amigo, asiente esto en tu corazón de una vez por todas: ¡Dios **nunca** te desamparará! ¡Dios **nunca** te dejará! Y si escuchas a alguien que te dice que puedes perder la presencia de Dios por castigo, no le pongas atención. No dejes que esa persona te robe la certeza de la presencia de Dios en tu vida. Cuando Dios dice "nunca jamás", quiere decir "nunca jamás", ¡nuestro Dios no puede mentir! Eso significa que Jesús, que es tu prosperidad, paz, provisión y sabiduría, está siempre contigo. ¡No puedes hacer otra cosa que prosperar!

❖

Oración de hoy

Padre, estoy muy contento por tener tu constante e incesante presencia en mi vida debido al intercambio divino en el Calvario. Si estoy animado o decaído, feliz o triste, lo he hecho bien o lo he hecho mal, tú estás conmigo. Tu ayuda, protección, disposición, fuerza y shalom están de mi lado. No tengo nada ni nadie a quien temer. ¡Gracias!

Pensamiento de hoy

¡Dios nunca, nunca, de ninguna manera, a ningún grado, me deja desamparado ni abandonado!

Reflexión de hoy sobre el favor inmerecido

_____

_____

_____

_____

_____

_____

_____

_____

_____

_____

_____

_____

_____

_____

_____

_____

_____

_____

_____

Incluye a Jesús en el cuadro

❖

Escritura de hoy

Y Moisés clamó a Jehová, y Jehová le mostró un árbol; y lo echó en las aguas, y las aguas se endulzaron. —Éxodo 15:25

CUANDO ESTUDIAS LA Biblia consciente de que el Señor está contigo, te sorprenderá cómo cobra vida la Palabra de Dios. Así es como yo leo la Palabra. No la estudio sólo para preparar mensajes para predicar los domingos. Yo voy a la Palabra para beber del agua viva de Jesús. Estoy consciente de que Jesús está a mi lado, enseñándome, hablando a mi corazón, puedo decir que tenemos las mejores conversaciones durante esos momentos y siempre me voy de esos momentos sintiéndome renovado y lleno de energía.

Jesús hace todo hermoso en tu vida.

La lectura de la Palabra se ha convertido en un gran momento personal de intimidad entre Jesús y yo. Me pierdo y me abstraigo por completo en su presencia hasta que pierdo la noción del tiempo. No puedo decir el número de veces que he mirado mi reloj después de escudriñar su Palabra ¡y me doy cuenta que ya son las cinco de la mañana! ¿Sabes lo que es cuando estás disfrutando de una humeante taza de café con crema en una cafetería con los amigos que amas, y te estás divirtiendo, riendo y compartiendo, y el tiempo parece desaparecer? Bueno, ¡puedes hacer lo mismo con Jesús!

Una vez que estás consciente de que Jesús está contigo, leer la Biblia ya no se siente como una tarea u obligación. No te sorprenderás mirando al reloj marcar… tic… tic… tic… tic… y tener la sensación de como si hubiera pasado una eternidad, ¡a pesar de que sólo pasaron cinco minutos!

Así es como se siente una tarea, como si el tiempo se hubiera detenido y no puedes acabar de una vez. El estudio de la Biblia divorciado de su presencia es obra muerta. Pero cuando es como ponerse al día con tu mejor amigo, ¡parece que nunca hay tiempo suficiente!

Así que ve al Señor en medio de todo lo que hagas y aprende a incluirlo en el cuadro. Él hace todo hermoso en tu vida. Cuando reflexionas en tu pasado, es posible que las cicatrices de ayer todavía estén punzando tu memoria. Tal vez abusaron de ti sexualmente cuando eras niño o fuiste herido emocionalmente por alguien de confianza. Al recordar ahora, todavía puedes sentirte enojado, frustrado y decepcionado, todo al mismo tiempo, con la herida aún atravesando tu corazón. Pero en medio de tu dolor, quiero desafiarte a comenzar a involucrar a Jesús. A ver al Señor sosteniéndote, sanando suavemente tus heridas. Jesús está justo allí, restaurándote, llenando de valor tu corazón y quitándote todo el sentimiento de vergüenza y de culpa.

Amado, Él quiere que sepas que tu pasado no determina el futuro que Él tiene para ti. Una vez que involucres al Señor y lo metas en tus aguas amargas, Él cambiará la amargura en dulzura. Eso fue lo que el Señor hizo por los hijos de Israel. Cuando llegaron a un lugar llamado Mara, no pudieron beber sus aguas porque eran amargas. Moisés clamó al Señor y este le mostró un árbol que Moisés echó al agua. Cuando lo hizo, la Biblia dice que "las aguas se endulzaron".

¿Por qué las aguas no potables, de sabor horrible, llegaron a ser refrescantes y dulces? La respuesta está en el árbol que fue arrojado a ellas. El árbol es una imagen de la cruz en la que nuestro Señor Jesús fue colgado, llevando cada corazón herido y cada aguijón de traición. Cuando incluyes a Jesús en tu situación, ¡Él puede hacer que cada experiencia amarga se endulce! ¡Habla con Él y permite que su presencia te restaure íntegramente hoy!

❖

Oración de hoy

Señor Jesús, te invito a que me sanes de cada experiencia amarga que haya tenido. Gracias por llevar cada dolor y cada aguijón de

traición a la cruz por mí. Te pido que hagas un trabajo profundo
en mí para eliminar el daño y el dolor que siento cada vez que
recuerdo esas experiencias amargas. Por favor, cambia todas las
emociones negativas en mi corazón con tu amor, tu paz y tu alegría.

Pensamiento de hoy

Mi corazón puede haber sido mal herido, pero Jesús está en
este momento sosteniendo mi mano, curando mis heridas,
restaurándome y llenando de valor, paz y alegría mi corazón.

Reflexión de hoy sobre el favor inmerecido

_____

_____

_____

_____

_____

_____

_____

_____

_____

_____

_____

_____

_____

_____

_____

_____

_____

_____

_____

Invoca la presencia de Jesús y "huele" como Él

❖

Escritura de hoy

*Entonces uno de los criados respondió diciendo: He aquí yo he
visto a un hijo de Isaí de Belén, que sabe tocar, y es valiente
y vigoroso y hombre de guerra, prudente en sus palabras,
y hermoso, y Jehová está con él. —1 Samuel 16:18*

DAVID ES UN maravilloso ejemplo de alguien que hablaba con el Señor
y se ejercitaba en su presencia todo el tiempo. Aún siendo adolescente al
cuidado de las ovejas de su padre en el campo, cantaba salmos e himnos
al Señor y tocaba su arpa.

**No puedes estar en la presencia del Señor sin que su gloria, su
majestuosidad, su belleza, su poder, su amor y su paz te impregnen.**

En 1 Samuel 16, la Biblia registra que el rey Saúl estaba muy tras-
tornado, y sus siervos le dijeron que estaba siendo atormentado por un
espíritu malo. A continuación, le aconsejaron que trajera a David ante
él a tocar el arpa, afirmando que los espíritus malignos saldrían cuando
David tocara el arpa. Uno de los criados dio una brillante descripción de
David como alguien "que sabe tocar, y es valiente y vigoroso y hombre
de guerra, prudente en sus palabras, y hermoso, y Jehová está con él".
¿Sabes por qué David podía hacer que Saúl fuera renovado con sólo tocar
su arpa? ¿Sabes por qué David podía acumular tales elogios sobre si? Creo
que la clave está en la última parte del versículo: "Jehová está con él".

Unos años después de que Wendy y yo nos casamos, sucedió un incidente que nunca olvidaré. Un día estaba de camino a casa y entré a un

ascensor estrecho. Un grupo de damas entraron en el mismo elevador cuando se detuvo en otro piso y bueno, ¡sus perfumes eran abrumadores! De todos modos, casi mareado a punto de sofocación, llegué a casa y besé a Wendy con mi habitual "Hola cariño, estoy de vuelta". Ella me miró y dijo: "Esa es una fragancia femenina. Conozco esa fragancia". Yo le dije: "Escucha, amor, escucha… sinceramente, ahora mismo…" ¡Por eso es tan importante la confianza en tu matrimonio!

Estoy seguro de que has experimentado algo parecido antes. ¿Has estado alguna vez en una habitación llena de humo de cigarrillo? Puede que no fumes, pero tu cabello y ropa olerán a humo incluso después de haber salido de la habitación. De igual manera, no se puede estar en la presencia del Señor sin que su gloria, su majestad, su belleza, su poder, su amor y su paz se te impregnen. ¡Comienzas a "oler" como Jesús, a ser poderoso como Él y te llenas de paz como Él! No es de extrañar que Hechos 4:13 registre esto de Pedro y Juan: "Entonces viendo [los gobernantes y ancianos de Israel] el denuedo de Pedro y de Juan, y sabiendo que eran hombres sin letras y del vulgo, se maravillaban; y les reconocían **que habían estado con Jesús**". Amado, decide dar prioridad a la presencia del Señor, dondequiera que estés. Experimentarás la evidencia innegable de su presencia en tu vida.

Oración de hoy

*Señor Jesús, que se diga de mí que soy una persona capaz, sabia
y valiente, no porque me merezca esos elogios, sino debido a tu
constante presencia conmigo. Que tu gloria, tu majestad, tu belleza,
tu poder, tu amor y tu paz se impregnen cada día más y más en mí.*

Pensamiento de hoy

*Llegar a ser cada vez más como Jesús no es un asunto de fuerza
de voluntad, sino el resultado de pasar tiempo en su presencia.*

Reflexión de hoy sobre el favor inmerecido

El evangelio trae salud y provisión

❖

Escritura de hoy

Pues si vosotros, siendo malos, sabéis dar buenas dádivas a vuestros hijos, ¿cuánto más vuestro Padre que está en los cielos dará buenas cosas a los que le pidan? —Mateo 7:11

M<small>E HAN ACUSADO</small> de ser uno de esos predicadores del "evangelio de la prosperidad" en salud y riqueza. En realidad, no hay tal cosa como un "evangelio de la prosperidad". Hay un solo evangelio y es el evangelio de Jesucristo. A través de la obra terminada de Jesús en la cruz, puedes confiar en Él para que su vida resucitada palpite y fluya en tu cuerpo físico desde la corona de tu cabeza hasta las plantas de tus pies. Ni las enfermedades ni las dolencias son de Dios. Jesús no sólo llevó en la cruz nuestros pecados, sino también nuestras enfermedades, padecimientos y dolencias, y ¡"por su llaga fuimos nosotros curados" (Isaías 53:5)!

De la misma manera que quieres que tus hijos tengan más que suficiente, Dios quiere que disfrutes de su provisión sobrenatural.

Eso no es todo, mi amigo. ¡En la cruz, Jesús cargó con la maldición de la pobreza! Eso es lo que la Palabra de Dios declara: "Porque ya conocéis la gracia [favor inmerecido] de nuestro Señor Jesucristo, que por amor a vosotros se hizo pobre, siendo rico, para que vosotros con su pobreza fueseis enriquecidos" (2 Corintios 8:9). Lee 2 Corintios 8. Todo el capítulo es acerca del dinero y de ser una bendición económica para los que están en necesidad. Así que no dejes que nadie te diga que el versículo se refiere a riquezas "espirituales". Permíteme decirte esto: Es el diablo el que quiere verte enfermo y pobre, pero ¡el Dios que yo conozco ha pagado un alto precio para redimirnos de la maldición de la enfermedad y la pobreza!

Entendamos cómo trata Dios con nosotros desde el punto de vista de la relación. Como padre, ¿cómo le enseñas carácter y paciencia a tu hijo? ¿Con enfermedades y dolencias? ¡Por supuesto que no! ¡Hay instituciones donde ponemos ese tipo de padres! Una vez más, como padre, ¿cómo le enseñas a tu hijo humildad? ¿Maldiciéndolo con pobreza para el resto de su vida? ¡De ninguna manera! Ahora bien, ¿no es increíble cómo todo se vuelve muy claro cuando empezamos a pensar desde el punto de vista de un padre, y ponemos a nuestros propios hijos en la foto?

Cuando comienzas a pensar desde el punto de vista de la relación, todo ha de converger y empiezas a ver las cosas desde la perspectiva de Dios. Él es nuestro Padre, que opera en la frecuencia de las relaciones, y a través de su favor inmerecido en nuestras vidas, aprendemos carácter, paciencia y humildad al tiempo que descansamos de nuestros propios esfuerzos y dependemos de Él. Mientras más conocemos a nuestro Padre, más queremos ser como Él. Así es como Dios nos hace crecer de gloria en gloria en cada área de nuestras vidas. ¡Simplemente mirándolo a Él (2 Corintios 3:18)!

Sabes que, como padres, siempre buscamos las mejores cosas para nuestros hijos. ¿Cuánto más nuestro Padre en el cielo quiere las mejores cosas para nosotros, sus preciosos hijos? De la misma manera que deseas que tus hijos sean sanos, Dios quiere que disfrutes de su salud divina. Y de la misma manera que quieres que tus hijos siempre tengan más que suficiente, Dios quiere que disfrutes de su provisión sobrenatural. Cuando Él provee, prepárate para una carga que rompa redes y hunda barcas (Lucas 5:6–7). ¡Prepárate para obtener 12 canastas llenas de sobras (Juan 6:13)! La Biblia pone las cosas en perspectiva más claramente en Mateo 7:11: Si ustedes, como padres imperfectos, "sabéis dar buenas dádivas a vuestros hijos, ¿cuánto más vuestro Padre que está en los cielos dará buenas cosas a los que le pidan?"

Mi amigo, entiende bien esto: Dios aborrece la enfermedad y detesta la pobreza. Él dio todo lo que tenía para aniquilar a la enfermedad y la pobreza, cuando nos dio a su único Hijo, Jesucristo, para morir en la cruz por nosotros. Él puso todo el pecado de la humanidad, así como la maldición de la enfermedad y la pobreza sobre el cuerpo de Jesús. Todo lo que necesitas hacer ahora es responder al trabajo terminado Jesús; tus pecados ya han sido perdonados. Tu cuerpo físico será sanado ¡y tu pobreza ciertamente pasará a la historia!

Oración de hoy

Padre, te doy gracias porque Jesús tomó mis enfermedades y pobrezas en la cruz. Te doy gracias porque ¡Él ha hecho todo lo que hay que hacer para que yo disfrute de la salud y la prosperidad divina! Te pido que tomes cuidado de cada una de mis necesidades y en el día de hoy recibo de tu sanidad sobrenatural y tu provisión para mí y mis seres queridos.

Pensamiento de hoy

Si los padres terrenales que son imperfectos no quieren que sus hijos estén enfermos y pobres, ¡cuánto más mi Padre celestial que me ama perfectamente!

Reflexión de hoy sobre el favor inmerecido

_____

_____

_____

_____

_____

_____

_____

_____

_____

_____

_____

_____

_____

Conoce a tu Comandante en jefe

❖

Escritura de hoy

Levántese Dios, sean esparcidos sus enemigos… —Salmo 68:1

Es INTERESANTE ESCUCHAR cómo hablan algunos cristianos. Puedes oír-los hablar de lo que el diablo les hizo, de lo enojados que estaban con el diablo y de cómo pasaron una noche entera reprendiéndolo. Tales cristianos también pueden ir por la ciudad diciéndole a la gente lo que el diablo les ha estado diciendo, pero realmente no los escuchas hablar de lo que el Señor les ha estado diciendo. ¿Sabes algo? ¡Están en sintonía con la frecuencia equivocada!

La mejor guerra en la que puedes participar es en la de magnificar al Señor Jesús en tu vida.

En vez de magnificar a Jesús y su presencia y estar conscientes de Él, ellos magnifican al diablo y están más conscientes de él que de Jesús. ¡Eso es muy triste! Siempre están hablando de la guerra y del diablo. ¿Sabes que la mejor guerra en la que puedes participar es en la de magnificar al Señor Jesús en tu vida? La Biblia declara: "Levántese Dios, sean esparcidos sus enemigos…" ¡Amén!

Hace poco tuve una conversación con una médico acerca de la guerra espiritual. Ella me dijo: "Cuando hay una enfermedad en su cuerpo, usted debe saber cuál es el nombre médico correcto para que pueda orar en contra de ella con precisión". Entonces me dijo algo con aire de sospechoso: "Como alguien que ha estado en el ejército, usted debe saber esto: La estrategia militar más importante es conocer a su enemigo".

Sonreí y le dije: "En realidad, creo que la estrategia militar más importante no es conocer a tu enemigo, sino conocer a tu Comandante en jefe y sus instrucciones para ti".

Mi amigo, ¿conoces a tu Comandante en jefe, Jesucristo? ¿Sabes con plena seguridad que su presencia y favor inmerecidos están contigo? Empieza a ejercitarte en la presencia de Jesús hoy, ¡y ve la diferencia que Él traerá a tu situación!

❖

Oración de hoy

Señor Jesús, quiero experimentar un andar más íntimo contigo.
Quiero conocerte más íntimamente y estar consciente de tu
presencia y favor inmerecido en mi vida. Ayúdame a entender tus
planes y propósitos para mí, para así usar sabiamente mis días.

Pensamiento de hoy

Voy a vivir consciente de Jesús, no consciente del diablo.

Reflexión de hoy sobre el favor inmerecido

_____

_____

_____

_____

_____

_____

_____

_____

_____

_____

_____

_____

_____

_____

Reconoce la presencia de Jesús y da gracias

❖

Escritura de hoy

*Dad gracias en todo, porque esta es la voluntad de Dios para
con vosotros en Cristo Jesús.* —1 Tesalonicenses 5:18

HAY CRISTIANOS QUE, en teoría, saben que Jesús está con ellos, pero no
se ejercitan activamente en su presencia. Para mí, personalmente, una de
las mejores maneras de hacerlo es agradecerle todo el tiempo. Puedes darle gracias a Dios por todo. Simplemente di: "Señor, te doy gracias por
esta hermosa puesta de sol. Te doy gracias por tu amor y por rodearme
con buenas cosas y buenos amigos".

Lo que tú aprecias aumenta de valor.

No hay límite a lo que puedes agradecerle a Dios, ya que toda dádiva y don perfecto que disfrutamos hoy en día viene directamente de Él
(Santiago 1:17). Incluso si has tenido un mal día en el trabajo y te enfrentas a un reto que pareciera imposible, puede ejercitar su presencia. En el
momento en que te percatas de que tu corazón está cargado de preocupación y tu mente está plagada por la ansiedad, exprésale tu preocupación
a Jesús y agradécele que este problema no sea más grande que sus manos.
Comienza a rendirte a Él y a depender de Él para obtener su fuerza, su
poder y su paz.

Al hacer eso, ya estás ejercitando la presencia del Señor. Y como hon-
ras su presencia y te comportas como que en realidad Él está contigo, Él
ve esto como fe en Él e interviene a tu favor para que tengas éxito en cualquier situación en la cual te encuentres.

Es triste cuando los cristianos se comportan como algunos maridos
que llevan a sus esposas a una fiesta, sólo para ignorarlas por completo.

Ellas pueden estar ahí con ellos físicamente, pero están tan ocupados con sus propios amigos hablando de la bolsa de valores, la economía o del último partido por televisión, que mejor fuera que sus mujeres no estuvieran con ellos.

Señoras, ¿conocen hombres así? Ahora bien, los hombres que están leyendo este libro, sé que ustedes no son así; por lo tanto, no se ofendan, ¿de acuerdo? Sé que aprecian y aman a su esposa. Lo que estoy tratando de ilustrar es que sólo porque alguien esté contigo físicamente, no significa que ese alguien se sienta apreciado por ti. El aprecio sólo ocurre cuando se comienza reconociendo la presencia de esa persona.

Lo que me gusta hacer es mirar a Wendy en una habitación llena de gente, y cuando nuestros ojos se conectan a través de la habitación, es como si el resto de las personas se desvanecieran al instante en el olvido, y sólo quedara Wendy. Quiero que ella sepa que la aprecio por haber venido conmigo a ese evento, cena o reunión. No estoy diciendo que sea sensible a Wendy todo el tiempo, pero hay momentos en que quiero hacer el empeño por hacerla sentir especial. Ella es especial para mí, pero apreciarla en realidad y hacerla sentir así son dos cosas totalmente distintas. Como todos los maridos, todavía estoy creciendo en este aspecto.

Ahora, ¿qué significa la palabra "apreciar"? Significa " aumentar de valor". Si aprecias a alguien, la persona aumenta de valor ante tus ojos. Mi amigo, el Señor ya está contigo, así que empieza a ejercitar su presencia. Comienza dándole gracias, apreciándolo y aumentando su valor ante tus ojos, y lo verás actuar a tu favor.

Oración de hoy

Señor Jesús, reconozco tu presencia y te doy gracias por las muchas bendiciones que has derramado sobre mí. Gracias porque me rodeas con buenas cosas y buenos amigos. Gracias por la salida del sol impresionante y las aves que cantaban hermosamente esta mañana. Sobre todo gracias por estar siempre conmigo en cada situación y por ser mi sabiduría, fuerza y éxito.

Pensamiento de hoy

*Voy a dar gracias al Señor. Así es como puedo
reconocer su presencia y apreciarlo.*

Reflexión de hoy sobre el favor inmerecido

Definición correcta de justicia

Escritura de hoy

*No desecho la gracia de Dios; pues si por la ley fuese la
justicia, entonces por demás murió Cristo. —Gálatas 2:21*

¿QUÉ TIENE QUE ver el entendimiento correcto de la justicia con esperar
que hoy te ocurra algo bueno? ¡Todo!

Muchos creyentes asocian justicia con una lista de cosas que tienen
que hacer, y si cumplen esa lista, se sienten "justos". Por el contrario,
cuando fallan en términos de su comportamiento, se sienten "injustos".
Pero eso es una mala definición y un mal entendimiento de la justicia.

Llegamos a ser justos por lo que Jesús hizo por nosotros en la cruz.

Volvamos a lo que la Biblia tiene que decir. Busca en 2 Corintios
5:21: "Al [Jesucristo] que no conoció pecado, por nosotros [Dios] lo hizo
pecado, para que nosotros fuésemos hechos justicia de Dios en él [Jesu-
cristo]". No somos justos porque hacemos lo correcto. **Llegamos a ser**
justos, por lo que Jesús hizo por nosotros en la cruz. Por lo tanto, "la justicia" no se basa en **nuestro** hacer lo correcto. Se basa enteramente en el
correcto hacer de **Jesús**. El cristianismo no trata acerca de **actuar correctamente** para ser hechos justos. Trata acerca de **creer correctamente** en
Jesús para ser hechos justos.

¿Te das cuenta de que hemos sido condicionados a asociar el ser bendecido con hacer lo correcto? La mayoría de los sistemas de creencias se
basan en un sistema de mérito en el cual uno tiene que cumplir con ciertos requisitos —dar a los pobres, hacer el bien a los demás y cuidar de los
más desfavorecidos— para alcanzar un cierto estado de justicia. Todo eso

suena muy noble, autosacrificial y apela a nuestra carne, a la cual le gusta sentir que nuestras buenas obras nos hacen ganar nuestra justicia.

Pero Dios no está buscando tu nobleza, sacrificios o buenas obras para justificarte. Él sólo está interesado en la humildad de Jesús en la cruz. ¡Él mira el sacrificio perfecto de su Hijo en el Calvario para justificarte y hacerte justo! Intentar ser justificado por tus buenas obras y tratar en todo lo posible de cumplir los Diez Mandamientos para ser justo, es negar la cruz de Jesucristo. Es lo mismo que decir: "La cruz no es suficiente para justificarme. Tengo que depender de mis buenas obras para hacerme limpio y justo delante de Dios".

El apóstol Pablo dijo: "No desecho la gracia [favor inmerecido] de Dios; pues si por la ley fuese la justicia, entonces por demás murió Cristo". Mi amigo, considera cuidadosamente lo que Pablo está diciendo aquí. Lo que efectivamente está diciendo es que si estás dependiendo de tus buenas obras, tu hacer y tu capacidad de cumplir perfectamente los Diez Mandamientos para ser justo, ¡entonces Jesús murió para nada! Eso es lo que "en vano" significa, ¡para nada! Así que no deseches la gracia de Dios dependiendo de tus buenas obras para hacerte a ti mismo justo y poner a Dios de lado. ¡El sacrificio de Jesús es más que suficiente para justificarte! Y cuando sabe que estás justificado, puedes estar seguro de que el favor inmerecido de Dios está a tu lado ¡y puedes esperar que te pasen cosas buenas hoy!

❖

Oración de hoy
Padre, te doy gracias porque mi justicia no se basa en lo que yo he hecho o dejado de hacer, sino en lo que Jesús hizo en la cruz. Ceso de hacer obras para ser justo y simplemente descanso en la obra terminada de Jesús. Ayúdame a establecerme en la revelación de que sólo el sacrificio de Jesús permite que yo tenga a mi lado tu favor inmerecido hoy.

Pensamiento de hoy
Mi justicia no se basa en mi hacer lo correcto. Se basa enteramente en el hacer correcto de Jesús.

Reflexión de hoy sobre el favor inmerecido

La justicia es gratuita para ti, pero muy cara para Dios

❖

Escritura de hoy

Mas él herido fue por nuestras rebeliones, molido por
nuestros pecados; el castigo de nuestra paz fue sobre él, y
por su llaga fuimos nosotros curados. —Isaías 53:5

SI NO HAS visto *La pasión de Cristo*, dirigida por Mel Gibson, te animo a conseguir el DVD y ver todo lo que Jesús hizo por ti en su camino a la cruz. Observa la angustia que soportó en el huerto de Getsemaní, donde oró en preparación para la prueba que Él sabía que vendría.

¡Nuestra justicia es resultado de la obra de Jesús y sólo podemos recibir su justicia a través de su favor inmerecido!

Ve cómo fue tomado tu Rey por despiadados soldados romanos que se burlaban de Él y pusieron a la fuerza una corona rústica de espinas en su cabeza. Mira como tu Salvador sufrió azote tras azote por látigos diseñados para infligir el máximo dolor; látigos atados con trozos de vidrio y ganchos, de modo que cada golpe arrancaba la carne de su ya lacerada espalda.

En una de esas escenas, Jesús colapsó debido a los golpes, por lo que grité en mi corazón, deseando que se quedara abajo de manera que sus torturadores cedieran en su asalto contra Él. Pero Él no se quedó abajo. Contigo y conmigo en su mente, se aferró al poste del azotamiento y se arrastró sobre él para incorporarse y recibir la plenitud de la flagelación, sabiendo que es por su llaga que fuimos nosotros curados.

Su agonía no terminó cuando los endurecidos soldados se cansaron de flagelarlo. Estos echaron una pesada cruz sobre su espalda completamente ensangrentada, obligándolo a llevar el madero astillado hacia el Gólgota. Después de apenas sobrevivir a tal tratamiento, no es de extrañar que Jesús cayera bajo el peso de la cruz tras tambalearse parte del camino, de modo que los soldados tuvieron que obligar a un transeúnte a que lo ayudara a llevar la cruz. Luego, nuestro Señor fue extendido a lo largo de la cruz y enormes y largos clavos fueron martillados cruelmente en sus manos y pies.

¿Soportó Jesús todo eso para nada? ¿Fue todo eso en vano?

Eso es precisamente lo que los cristianos que insisten en tratar de ganar su propia justicia a través de la ley están diciendo.

Permíteme citar a Pablo, para que puedas ver ti mismo lo que quiero decir:

> No desecho la gracia [favor inmerecido] de Dios; pues si
> por la ley fuese la justicia, entonces por demás murió Cristo.
>
> —GÁLATAS 2:21

Mi amigo, no deseches la gracia (favor inmerecido) de Dios en tu vida mirándote a ti mismo y tratando por tus propios esfuerzos hacerte justo delante de Dios. No podemos ganar el favor y la aceptación de Dios. Sólo podemos recibir la justicia como un don gratuito de Dios. La justicia de Dios es gratuita para nosotros, pero a Él le costó muy caro. Él pagó con la sangre de su Hijo unigénito, Jesucristo. Es un don que sólo puede ser dado gratuitamente, no porque sea barato, sino en verdad, ¡porque no tiene precio!

"Pero pastor Prince, ¿cómo puedo yo, que no hice lo correcto, ser hecho justo?"

Bueno, respóndeme esto primero: ¿Cómo pudo Jesús, que no conoció pecado, ser hecho pecado en la cruz por nosotros?

Como ves, Jesús no tenía pecado propio, sino que tomó sobre sí todos los pecados de la humanidad. Por otra parte, tú y yo no teníamos ninguna justicia, pero en esa cruz, Jesús tomó sobre sí nuestros pecados, pasados, presentes y futuros y, a cambio, nos dio su justicia perfecta, eterna. Ahora bien, ¿es esta justicia que hemos recibido resultado de nuestras propias obras o de su obra? Es evidente que nuestra justicia es resultado

de su obra y que ¡sólo podemos recibir su justicia a través de su favor
inmerecido!

Permíteme darte la definición más clara de la gracia (favor inmerecido) en la Biblia:

> Y si por gracia [favor inmerecido], ya no es por obras, de
> lo contrario la gracia [favor inmerecido] ya no es gracia
> [favor inmerecido]. Y si por obras, ya no es gracia [favor
> inmerecido], de otra manera la obra ya no es obra.
>
> —ROMANOS 11:6

¿Sigues la idea? No hay camino intermedio. Eres justo por el favor
inmerecido de Dios o estás tratando de merecerte la justicia por tus propias obras. Estás dependiendo de Jesús o de ti mismo. Porque Jesús pagó
muy caro para que tuvieras su justicia, tú puedes dejar tus propios esfuerzos para hacerte justo ante los ojos de Dios y así ganar su favor. ¡Considé-
rate como la justicia de Dios en Cristo y espera ver la bendición del justo
manifestarse en tu vida!

Oración de hoy

Padre, ayúdame a mirar siempre a Jesús, que sufrió mucho
por mí y murió para que yo pudiera tener su justicia
como un don gratuito. Espero completamente que todas
las bendiciones del justo inunden mi vida hoy.

Pensamiento de hoy

¿Estoy dependiendo de Jesús o de mí mismo y de
mis obras para ser justo delante de Dios?

Reflexión de hoy sobre el favor inmerecido

Dios nunca se enojará contigo

Escritura de hoy

Porque esto me será como en los días de Noé, cuando juré que nunca más las aguas de Noé pasarían sobre la tierra; así he jurado que no me enojaré contra ti, ni te reñiré. Porque los montes se moverán, y los collados temblarán, pero no se apartará de ti mi misericordia, ni el pacto de mi paz se quebrantará, dijo Jehová, el que tiene misericordia de ti. —Isaías 54:9–10

UNA ADVERTENCIA SE da en 1 Pedro 5:8: "Sed sobrios, y velad, porque vuestro adversario el diablo, como león rugiente, anda alrededor buscando a quien devorar". Sé que un león ruge para intimidar y para dar miedo; pero me preguntaba qué clase de miedo trata el diablo de inculcar en el creyente. Debemos **dejar que la Biblia se interprete a sí misma.** No podemos basar nuestras interpretaciones en nuestros orígenes religiosos o nuestras experiencias.

¡Dios nunca se enojará con nosotros otra vez, por lo que Cristo hizo por nosotros!

Un día estaba leyendo Proverbios 19 cuando me encontré con el versículo 12: "Como rugido de cachorro de león es la ira del rey, y su favor como el rocío sobre la hierba". ¿Quién es el rey al que se refiere este versículo? ¡Nuestro Señor Jesús! Así que, cuando el diablo anda **como león rugiente,** está tratando de hacerse pasar por el Rey. Él está tratando de hacerte sentir como si Dios estuviera enojado contigo. Cada vez que escuches una predicación que te deja con la sensación de que Dios está enojado contigo, ¿adivina qué? ¡Acaba de rugirte! Pero debes saber esto, amado: que Dios no se enojará contigo NUNCA más. Él sólo tiene que decirnos esto, pero quería que estuviéramos tan seguros que juró en su Palabra que nunca se iba a enojar con nosotros de nuevo.

Los versículos de hoy son de Isaías 54, que se encuentra justo después del famoso capítulo mesiánico de los sufrimientos de Cristo (Isaías 53). Por lo tanto, Isaías 54 está enumerando los triunfos y despojos de sus sufrimientos.

¿Sabes por qué Dios no se enojará con nosotros otra vez? ¡Por lo que Cristo hizo por nosotros! En la cruz, Dios derramó toda su ira sobre el cuerpo de su Hijo. Jesús agotó toda la enardecida indignación de un Dios santo en contra de todos nuestros pecados, y cuando agotó todo el juicio de Dios sobre nuestros pecados, gritó: "¡Consumado es!" (Juan 19:30). Y porque nuestros pecados ya han sido castigados, Dios, que es un Dios santo y justo, no nos va a castigar hoy cuando creemos en lo que Cristo hizo. La santidad de Dios está de tu lado. Su justicia es ahora por ti, no contra ti. ¡Tú sabes que eres su amado, en quien se complace por la obra terminada de Jesús!

La próxima vez que el diablo trate de robarte su sentimiento de que eres amado haciéndote pensar que Dios está enojado contigo, simplemente ignóralo. No le hagas caso cuando te diga: "¿Cómo te puedes llamar cristiano?" ¡Eres una criatura justa, aceptada y amada por Dios! Cuando lo creas, tendrás la confianza para enfrentar todos los retos con valentía, ¡sabiendo que tienes el favor inmerecido de Dios!

Oración de hoy

Padre, gracias por tu palabra que me dice que nunca te enojarás conmigo otra vez. Debido a que Jesús cargó con el juicio de todos mis pecados en su cuerpo en la cruz, soy justo delante de ti, totalmente aceptado, favorecido y amado por ti. ¡Estoy capacitado por tu amor perfecto para reinar sobre mi situación hoy!

Pensamiento de hoy

Debido a lo que Jesús hizo en la cruz por mí, la justicia de Dios es por mí, no contra mí.

Reflexión de hoy sobre el favor inmerecido

DÍA 32

¿Cómo respondes a la voz acusadora?

❖

Escritura de hoy

Serás establecida en justicia; lejos de ti estará la opresión,
y nada tendrás que temer; el terror se apartará de
ti, y no se te acercará. —Isaías 54:14 (NVI)

Es IMPORTANTE QUE seas establecido en la justicia de Cristo, porque eso determinará cómo vas a responder a la voz acusadora cuando estés creyendo a Dios en cuanto a grandes cosas y confiando que responderá tus oraciones.

Creer correctamente siempre conduce a vivir correctamente.

"¿Quién te crees que eres?"

"¿No recuerdas cómo le gritaste a tu esposa esta mañana? ¿Por qué debería Dios darte favor para tu importante presentación en la oficina hoy?"

"Mira cuán fácil pierdes la calma conduciendo. ¿Cómo puedes tener la pretensión de esperar que te sucedan cosas buenas?"

"¿Tú te llamas cristiano? ¿Cuándo fue la última vez que leíste la Biblia? ¿Qué has hecho para Dios? ¿Por qué debería Dios sanar a tu hijo?"

¿Te parecen estas acusaciones terriblemente familiares? Ahora bien, la forma en que respondas a esa voz acusadora mostrará lo que realmente crees. Esa es la prueba determinante de lo que crees. ¡Este es el momento de la verdad! Una persona puede pensar: "Sí, tienes razón. Yo no merezco esto. ¿Cómo puedo esperar el favor de Dios en mí para la presentación que debo hacer en la oficina cuando fui tan duro con mi mujer esta mañana?" Esa es la respuesta de alguien que cree que necesita ganarse su propia justicia y lugar de aceptación delante de Dios. Esa persona cree que puede esperar de Dios el bien sólo cuando su conducta sea buena y su propia lista de verificación de requisitos impuestos por él mismo se cumpla al máximo.

Probablemente entre en su oficina como un torbellino, todavía ardiendo de cólera con su esposa. Lo peor de todo es que se siente aislado de la presencia de Jesús a causa de su enojo y piensa que no es digno de solicitar el favor de Dios para su presentación. Entra a la sala de reuniones desaliñado y desorganizado. Se olvida de sus puntos y habla torpemente, haciendo que su compañía pierda esa cuenta tan importante. Sus jefes se decepcionan de él y le dan una enorme reprimenda. Frustrado y avergonzado, se dirige a casa como un loco, sonando la bocina a cada automóvil que no se mueva al instante que el semáforo cambia a verde. Cuando llega a casa, se molesta con su esposa porque le echa la culpa por ponerlo de mal humor por la mañana, por su terrible presentación y por la pérdida de la cuenta principal. ¡Todo es por culpa de ella!

Ahora, observa la diferencia si esa persona piensa: "Sí, tienes razón. No merezco tener el favor de Dios en absoluto porque perdí los estribos con mi mujer esta mañana. Pero, ¿sabes qué? Yo no estoy mirando lo que me merezco. Veo lo que Jesús se merece. Incluso ahora, Cristo, te doy gracias porque me ves perfectamente justo. Debido a la cruz y a tu sacrificio perfecto, puedo esperar el favor inmerecido de Dios en mi presentación. Cada uno de mis defectos, aun el tono que utilice esta mañana, está cubierto por tu justicia. Puedo esperar algo bueno, no porque yo sea bueno, sino porque ¡Tú lo eres! ¡Amén!".

¿Ves la asombrosa diferencia? Esa persona está establecida sobre la justicia de Jesús y no en su actuar correctamente ni en su buen comportamiento. Va a trabajar dependiendo del favor inmerecido de Jesús, tiene éxito en la presentación y gana una cuenta importante para su empresa. Sus jefes están impresionados por su rendimiento y lo anotan para la próxima ronda de promociones. Él conduce a casa con paz y gozo, sintiendo el amor y el favor del Padre. En consecuencia, es más paciente con los demás conductores.

Ahora bien, ¿significa eso que esconde todos sus defectos y se hace el desentendido? ¡De ninguna manera! Este hombre, plenamente consciente de que el Señor está con él, encontrará la fortaleza en Cristo para pedir disculpas a su mujer por el tono que usó con en ella. Como ves, un corazón que ha sido tocado por el favor inmerecido no puede mantenerse con falta de perdón, ira y amargura. ¿Cuál de las narraciones anteriores muestran la verdadera santidad? Por supuesto, la segunda. El depender del favor de Dios resulta en una vida de santidad práctica. ¡Creer correctamente siempre conduce a vivir correctamente!

Oración de hoy

Padre, establéceme en la justicia de Cristo para que pueda responder con gracia cuando llegue el momento de la verdad. Aun cuando sé que he fallado, decido verme como tú me ves, en la justicia de Jesús, y espero que tu favor inmerecido trabaje por mí a pesar de mis fracasos. Gracias por el don de la justicia, que me hace reinar sobre todo en mi vida.

Pensamiento de hoy

El depender del favor de Dios y experimentarlo conduce a una santidad práctica.

Reflexión de hoy sobre el favor inmerecido

Gracia cuando menos la mereces

Escritura de hoy

*... No quiero mi propia justicia que procede de la ley, sino
la que se obtiene mediante la fe en Cristo, la justicia que
procede de Dios, basada en la fe.* —Filipenses 3:9

La gracia de Dios es el favor no ganado e inmerecido de Dios. Cuando Dios te responde cuando menos crees que lo mereces, eso es gracia. ¡Ese es su sorprendente favor inmerecido! En tu punto más bajo, en tu hora más oscura, su luz brilla para ti y te conviertes en receptor de su favor inmerecido y un receptor de gracia no puede evitar querer extenderla a los demás.

**Cuanto más consciente de la justicia estés, más
experimentarás el favor inmerecido de Dios.**

Mi amigo, en y por nosotros mismos, no merecemos nada bueno. Pero dado que estamos en Cristo y en su justicia, Dios no va a retener una bendición de nuestras vidas hoy. Nuestra parte no es luchar con nuestras propias obras y ser independientes de Dios, sino enfocarnos en recibir todo lo que necesitamos de Él.

Creo que cuanto más consciente de la justicia estés, más experimentarás el favor inmerecido de Dios. Cuando una voz de descalificación viene a recordarte todas las áreas en las que has caído, ese es el momento de recurrir al Jesús que te califica y de escuchar su voz. ¡Esa es la verdadera batalla de la fe! La batalla de la fe es luchar para creer que eres hecho justo por fe y no por obras. Pablo, hablando de sus propios logros en virtud de la ley, dijo que tiene todos ellos "por estiércol, a fin de ganar a Cristo y encontrarme unido a él. No quiero mi propia justicia que procede de la ley, sino la que se obtiene mediante la fe en Cristo, la justicia que procede de Dios, basada en la fe" (Filipenses 3:8–9).

Así que hay claramente dos tipos de justicia en la Biblia: (1) Una que viene de tu obediencia y de tu esfuerzo por ganártela. (2) Otra que viene de la fe en Cristo Jesús.

Sólo una de ellas tiene una base sólida, inamovible. Una se basa en ti y en tu capacidad de cumplir la ley, mientras que la otra está construida sobre la Roca de la eternidad: Jesucristo. Una puede darte solamente la confianza ocasional para pedir el favor de Dios, dependiendo de cuán bien percibas que has actuado. La otra te da confianza TODO EL TIEMPO para acceder a su favor inmerecido, incluso cuando sientas que no lo mereces en lo absoluto.

¿De qué quieres depender a la hora de la verdad: de tu justicia vacilante o de la justicia perfecta y sólida como una roca, la de Jesús? Es tu fe en la justicia de Jesús la que te da el derecho al favor inmerecido de Dios. Hoy puedes esperar que te sucedan cosas buenas por lo que Jesús hizo en la cruz. Puedes pedir a Dios grandes cosas y llegar al destino bendito que Él tiene para ti y tu familia. ¡La justicia de Jesucristo es tu derecho al favor inmerecido de Dios! ¡No permitas que ninguna voz acusadora te diga lo contrario!

Oración de hoy

Padre, te doy gracias porque en mi punto más bajo, en mi hora más oscura, la luz de tu favor sigue brillando a través de mí. Te doy gracias porque puedo experimentar cosas buenas de ti, incluso cuando menos me lo merezco, porque no se trata de mi obediencia, sino de la obediencia perfecta de tu Hijo Jesús en la cruz.

Pensamiento de hoy

*Tengo acceso a la gracia de Dios todo el tiempo,
¡incluso cuando siento que menos la merezco!*

Reflexión de hoy sobre el favor inmerecido

Tienes la presencia y el favor de Dios pese a tus circunstancias

Escritura de hoy

¿A dónde me iré de tu Espíritu? ¿Y a dónde huiré de tu
presencia? Si subiere a los cielos, allí estás tú; y si en el Seol
hiciere mi estrado, he aquí, allí tú estás. Si tomare las alas
del alba y habitare en el extremo del mar, aun allí me guiará
tu mano, y me asirá tu diestra. —Salmo 139:7–10

HEBREOS 13:5 AFIRMA que la presencia de Dios en tu vida es una garantía constante. Pero quiero que sepas que no se puede evaluar la presencia y el favor inmerecido de Dios en tu vida basado en tus circunstancias. Para ayudarte a entender lo que eso significa, veamos la vida de José.

José no consideró sus circunstancias, sino que se mantuvo enfocado en la presencia del Señor.

José se negó a la seducción de la esposa de Potifar, como dice el dicho popular: "¡No hay furia en el infierno como la de una mujer desdeñada!" Ella acusó a José de tratar de violarla, esgrimiendo como "pruebas" la ropa que José había dejado en sus manos cuando huyó de ella. Cuando Potifar escuchó a su esposa diciéndole su versión de la historia, su ira despertó y se apoderó de José, le despojó de la posición de autoridad que le había dado y le echó en la cárcel.

Simplemente, póngase en el lugar de José. ¿Qué está pasando aquí? Parece muy familiar, ¿no? Con el doloroso recuerdo de sus hermanos lanzándolo al fondo del pozo aún fresco en su mente, aquí está una vez más, echado en un calabozo a pesar de que era inocente. ¡Cualquier persona normal estaría amargada y enojada con Dios! La mayoría de la gente preguntaría: "¿Dónde está Dios? ¿Por qué Dios lo trajo hasta aquí, sólo para desampararlo y dejarlo? ¿Cómo pudo suceder eso? ¿Dónde está la justicia en contra de esa falsa acusación?"

¡Pero José no era un individuo común! Él sabía que el Señor nunca le desampararía ni le dejaría. José no consideró sus circunstancias, sino que se mantuvo enfocado en la presencia del Señor. Independientemente de si era un esclavo común, un supervisor de la casa de Potifar o ahora un prisionero ante la perspectiva de cadena perpetua por un crimen que ni siquiera cometió, José no evaluó el favor inmerecido de Dios en su vida basado en sus circunstancias. En vez de amargarse, mantuvo su esperanza en el Señor. En lugar de tirar la toalla y renunciar a Dios y a la vida, mantuvo su confianza, sabiendo que todo su éxito estaba envuelto en la presencia del Señor.

¡Y vaya que el Señor lo liberó! Quiero que leas esto para que veas lo que el Señor hizo por José:

> Pero Jehová estaba con José y le extendió su misericordia, y le dio gracia en los ojos del jefe de la cárcel. Y el jefe de la cárcel entregó en mano de José el cuidado de todos los presos que había en aquella prisión; todo lo que se hacía allí, él lo hacía. No necesitaba atender el jefe de la cárcel cosa alguna de las que estaban al cuidado de José, porque Jehová estaba con José, y lo que él hacía, Jehová lo prosperaba.
> —GÉNESIS 39:21–23

¿Qué te dice eso? Si te niegas a ceder a tus circunstancias y continúas estando consciente de la presencia del Señor, dondequiera que te encuentres, sea cual sea tu entorno, te elevarás a la prominencia. Tendrás el favor de tus jefes y ellos le promoverán a la posición de persona encargada. ¡Y cualquier cosa que hagas prosperará!

❖

Oración de hoy

Padre, mantenme atento a tu presencia amorosa donde quiera que esté. Y porque estás conmigo y eres por mí, ¡Te doy gracias porque voy a tener el favor de las personas y voy a prosperar en todo lo que hago!

Pensamiento de hoy

La presencia de Dios en mi vida hará que prospere a pesar del lugar o posición en donde esté.

Reflexión de hoy sobre el favor inmerecido

_____

_____

_____

_____

_____

_____

_____

_____

_____

_____

_____

_____

_____

_____

_____

_____

_____

_____

_____

DÍA 35

Con el favor de Dios, no puedes menos que prosperar

❖

Escritura de hoy

... porque siete veces podrá caer el justo, pero otras tantas se levantará... —Proverbios 24:16

CUANDO EL FAVOR inmerecido de Dios esté sobre ti dondequiera que estés, como estaba sobre José, (1) no puedes menos que encontrar favor, (2) todo lo que hagas no puede menos que prosperar, y (3) no puedes menos que experimentar incremento y promoción ¡más allá de lo que puedas imaginar!

Tus puntos más bajos son plataformas de lanzamiento para las promociones más grandes de Dios.

¿Puedes ver que este era el patrón coherente en la vida de José? No importaba si era esclavo o prisionero. Lo mismo ocurre contigo. Cuando el favor inmerecido de Dios está presente en tu vida, eres como una pelota de goma en una piscina de agua. Las circunstancias naturales pueden tratar de empujarte hacia abajo y mantenerte suprimido bajo el agua, pero el favor inmerecido de Dios siempre te hará emerger de nuevo a la superficie.

No te desanimes por tus circunstancias actuales. Sé que las cosas a veces pueden parecer sombrías, tristes e incluso devastadoras, pero no se ha terminado, amigo mío. ¡Escribí este libro para decirte que no se ha terminado! No creo ni por un momento que entre los millones de libros en publicación en este momento, tengas en tus manos este en particular, por casualidad o coincidencia. Esta es una cita divina y creo que Dios está diciendo esto: "¡No te rindas. No ha terminado!".

Hay muchas veces en que los puntos más bajos de tu vida son en realidad plataformas de lanzamiento para la mayor promoción de Dios para ti. ¡Así fue así con José! Vamos a rebobinar la cinta y observar las huellas del Señor a través de los altibajos de la vida de José. Si no hubiera sido traicionado por sus hermanos, él no habría sido vendido como esclavo. Si no hubiera sido vendido como esclavo, no hubiera estado en casa de Potifar. Si no hubiera estado en casa de Potifar, no habría sido arrojado a una prisión egipcia hecha específicamente para los prisioneros del rey. Si no se hubiera encontrado en esa prisión específica, no habría interpretado los sueños de los funcionarios del faraón. Si no hubiera interpretado esos sueños, no habría sido convocado a interpretar el sueño del Faraón dos años más tarde. Si no hubiera interpretado el sueño de Faraón, ¡el Faraón no habría promovido a José a ser su primer ministro sobre todo el Imperio Egipcio!

Esto es lo que Faraón le dijo a José: "Pues que Dios te ha hecho saber todo esto, no hay entendido ni sabio como tú. Tú estarás sobre mi casa, y por tu palabra se gobernará todo mi pueblo; solamente en el trono seré yo mayor que tú. Dijo además Faraón a José: He aquí yo te he puesto sobre toda la tierra de Egipto" (Génesis 41:39–41). Cuando reflexionamos, es evidente que ¡el Señor había convertido la hora más oscura de José en su mejor momento!

La presencia de Dios con José y su favor inmerecido hacía que José fuera promovido desde el pozo hasta el palacio, del muladar al Capitolio, del retrete a la Casa Blanca. Deja de mirar tus circunstancias y deja de permitirles que te desanimen. El mismo Señor que estaba con José está contigo ahora mismo. ¡No puedes fallar! ¡Espera ver el éxito más allá de tus circunstancias actuales!

❖

Oración de hoy

Padre, te doy gracias porque no todo ha terminado para mí. Puedo estar en un punto bajo ahora, debido a tu presencia y favor en mi vida, que tú me vas a sacar de la fosa y me vas a colocar sobre terreno elevado. No puedo menos que experimentar incremento y promoción más allá de lo que yo pueda imaginar, ¡porque tú estás conmigo!

Pensamiento de hoy

El mismo Señor que estaba con José está conmigo en este momento. Y, así como José, ¡experimentaré el incremento y la promoción a pesar de mis circunstancias!

Reflexión de hoy sobre el favor inmerecido

Tu derecho al favor inmerecido de Dios

Escritura de hoy

[Dios] Al que no conoció pecado, por nosotros lo [Jesucristo]
hizo pecado, para que nosotros fuésemos hechos justicia
de Dios en él [Jesucristo]. —2 Corintios 5:21

No hay duda de que todos los creyentes quieren experimentar el favor inmerecido de Dios en sus vidas. Todos queremos experimentar el éxito en nuestros matrimonios, familias, carreras, así como en nuestros ministerios. Todos queremos disfrutar de las más ricas bendiciones de Dios. Queremos que su provisión, su salud y su energía fluyan poderosamente en nuestras vidas, y sabemos que todas esas bendiciones vienen envueltas en el favor inmerecido de Dios. Cuando su favor inmerecido está de tu lado, nada puede interponerse en tu contra. Pero si su favor es inmerecido, ¿cómo podemos ser aptos para ello? Si no podemos ganarlo o merecerlo, ¿cómo podemos estar seguros de que tenemos su favor inmerecido?

Tu justicia en Cristo es el fundamento seguro en el que puede construir tus expectativas para recibir el favor inmerecido de Dios.

Una de las cosas clave que deseo hacer en este libro es aprovechar las enseñanzas existentes sobre el favor y dar a los creyentes una base firme sobre **la razón por la cual tienen derecho al favor inmerecido de Dios** en sus vidas hoy. ¿Sabes las respuestas a las siguientes preguntas?

¿Por qué puedes esperar que te sucedan cosas buenas?

¿Por qué puedes disfrutar del favor inmerecido de Dios?

¿Por qué le puedes pedir a Dios grandes cosas?

Amado, todas tus respuestas se encuentran en el monte del Gólgota, el lugar de la Calavera. El lugar donde el hombre sin pecado se hizo pecado, para que tú y yo podamos llegar a ser justicia de Dios en Él. Su justicia es tu derecho al favor inmerecido de Dios.

Puedes esperar lo bueno…

Puedes disfrutar del favor inmerecido de Dios…

Puedes pedirle a Dios grandes cosas…

… ¡porque has sido hecho justicia de Dios a través del sacrificio de Jesús en la cruz!

No tomes simplemente mi palabra. Busca en 2 Corintios 5:21 de nuevo: "[Dios] Al que no conoció pecado, por nosotros lo [Jesucristo] hizo pecado, para que nosotros fuésemos hechos justicia de Dios en Él [Jesucristo]."

Tu justicia en Cristo es el fundamento seguro en el que puedes construir tus expectativas de recibir el favor inmerecido de Dios. Dios te ve a través del lente de la cruz de su Hijo, y así como Jesús es hoy merecedor de bendiciones, paz, salud y favor, ¡tú también lo eres (1 Juan 4:17)!

Oración de hoy

Padre, te doy gracias porque Jesús pagó el precio por mí para tener tu favor inmerecido. Él tomó mis pecados y me dio su justicia. Y porque soy justo en Cristo, espero que bendiciones como la paz y la salud coronen mi cabeza. Descanso en tu Palabra que declara que así como es Jesús, soy yo.

Pensamiento de hoy

Dios me da lo que Jesús merece porque soy la justicia de Dios en Cristo.

Reflexión de hoy sobre el favor inmerecido

Estás bajo el favor inmerecido del nuevo pacto

❖

Escritura de hoy

Al llamar "nuevo" a ese pacto, ha declarado obsoleto al anterior; y lo que se vuelve obsoleto y envejece ya está por desaparecer. —Hebreos 8:13, NVI

Estás bajo el favor inmerecido del nuevo pacto a través de la obra terminada de Jesús. El antiguo pacto basado en tus obras ha quedado obsoleto. Mira lo que la Nueva Versión Internacional declara en Hebreos 8:13: "Al llamar 'nuevo' a ese pacto, ha declarado obsoleto al anterior; y lo que se vuelve obsoleto y envejece ya está por desaparecer".

**Bajo la ley, hasta el mejor falló. Bajo la gracia,
¡hasta el peor puede ser salvo!**

Lee este versículo de la Biblia con cuidado. No es Joseph Prince quien dijo que el antiguo pacto es obsoleto. Estoy reiterando lo que he leído en mi Biblia. La Palabra de Dios nos dice en términos inequívocos que el pacto de Moisés es anticuado y obsoleto. ¡Ya no es relevante para el creyente del nuevo pacto, que está en Cristo hoy! Así que no soy yo quien encontró fallas en el antiguo pacto de la ley. **Dios las encontró** en el antiguo pacto de la ley.

Echemos un vistazo a otro versículo:

> Porque si aquel primero hubiera sido sin defecto, ciertamente no se hubiera procurado lugar para el segundo.
>
> —Hebreos 8:7

La Nueva Traducción Viviente capta la exasperación del apóstol Pablo con el antiguo pacto de la ley: "Si el primer pacto no hubiera tenido defectos, no habría sido necesario reemplazarlo con un segundo pacto. Pero cuando Dios encontró defectos…" (Hebreos 8:7–8, Nueva Traducción Viviente).

Piensa en esto objetivamente por un momento. Sólo por un segundo, deja a un lado todas las enseñanzas tradicionales que has escuchado o leído. Razonemos juntos, no basados en lo que el hombre dice, sino en lo que Dios dice en su Palabra. Su Palabra es nuestra sola premisa inconmovible. Basados en esta porción de la Escritura que acabamos de leer juntos, si no había nada malo con el antiguo pacto de la ley, ¿por qué daría Dios a su único Hijo precioso para ser brutalmente crucificado en la cruz, para que pudiera hacer un nuevo pacto con nosotros? ¿Por qué estaría dispuesto a pagar un precio tan alto, permitiendo que Jesús fuera humillado públicamente, y sufriera la violencia inhumana, si no había algo fundamentalmente erróneo en el antiguo pacto de la ley?

La cruz demostró que Dios encontró fallas en el antiguo pacto y que estaba decidido a hacerlo obsoleto. Él estaba decidido a rescatarnos de nuestros pecados haciendo un nuevo pacto con su Hijo Jesús. Ese es el amor incondicional increíble que Dios tiene para ti y para mí. Sabía que nadie podía ser justificado y hecho justo por la ley. Sólo la sangre de su Hijo sería capaz de justificar y hacernos justos en Cristo.

En todos los 1,500 años de Israel en el marco del pacto de la ley, ni una sola persona fue justificada por la ley. Incluso el mejor de ellos, como David, falló. La Biblia lo describe como un hombre conforme al corazón de Dios (1 Samuel 13:14, Hechos 13:22). Pero incluso él falló; cometió adulterio con Betsabé y mandó a matar a Urías, su esposo. Entonces, ¿qué esperanza podemos tener tú y yo bajo la ley?

Gracias a Dios que bajo el nuevo pacto de su favor inmerecido, hasta el peor de nosotros puede invocar el nombre de Jesús y recibirlo como nuestro Señor y Salvador personal. ¡En un instante podemos ser justificados por la fe en el poderoso nombre de Jesús! Bajo la ley, hasta el mejor falló. Bajo la gracia, ¡hasta el peor puede ser salvo!

¿Qué significa todo eso para nosotros? Significa que ya no tenemos que depender de nuestras propias obras para ganar las bendiciones, la aprobación ni el favor de Dios. Hoy, mi amigo, podemos confiar en su favor inmerecido para obtener paz, integridad y éxito a través del sacrificio perfecto de Jesucristo.

Oración de hoy

Padre, te doy gracias porque hoy no estoy bajo el antiguo pacto de la ley, en el que hasta los mejores fallaron, sino que estoy bajo el nuevo pacto de tu favor inmerecido. Gracias por ponerme bajo este nuevo pacto en el que no tengo que trabajar para ganarme tu bendición y favor. En su lugar, simplemente puedo descansar, sabiendo que tengo tus bendiciones, aprobación y favor, porque Jesús las aseguró para mí por su sacrificio en la cruz. Hoy descanso en tu favor inmerecido.

Pensamiento de hoy

La ley me condena en mi mejor momento. La gracia me salva en mi peor condición y me da el favor inmerecido de Dios para mi paz, plenitud y éxito.

Reflexión de hoy sobre el favor inmerecido

_____

_____

_____

_____

_____

_____

_____

_____

_____

_____

Conoce tus derechos bajo el pacto de Cristo

❖

Escritura de hoy

Mi pueblo fue destruido, porque le faltó conocimiento… —Oseas 4:6

Es imposible enfatizar la gran importancia que tiene para el creyente de hoy saber que está bajo el favor inmerecido del nuevo pacto de Dios y ya no más bajo la ley. Muchos buenos, bien intencionados y sinceros creyentes hoy en día, son derrotados por su falta de conocimiento del nuevo pacto y de todos los beneficios que Jesús adquirió para ellos en la cruz.

¡Lo que necesitamos es una mayor revelación y reconocimiento de Jesús y de todo lo que hizo por nosotros!

"Pero pastor Prince, no deberíamos mirar los beneficios cuando creemos en Jesús".

Me alegro que sacaras este punto a colación. Echemos un vistazo a lo que el salmista piensa al respecto: "Bendice, alma mía, a Jehová, y bendiga todo mi ser su santo nombre. Bendice, alma mía, a Jehová, y no olvides **ninguno de sus beneficios**. Él es quien perdona todas tus iniquidades, el que sana todas tus dolencias; el que rescata del hoyo tu vida, el que te corona de favores y misericordias; el que sacia de bien tu boca de modo que te rejuvenezcas como el águila" (Salmo 103:1–5)

Amado, este es el corazón de Dios. ¡Él quiere que recuerdes todos los beneficios que Jesús ha comprado para ti con su sangre! Es su voluntad verte disfrutar de cada uno de los beneficios, de cada una de las bendiciones y de cada uno de los favores que vienen de Él en su favor inmerecido del nuevo pacto. El perdón del pecado es tuyo. La salud es tuya. La protección divina es tuya. El favor inmerecido es tuyo. ¡Las buenas cosas y la renovación de la juventud son tuyos! Estos son todos los dones preciosos del Señor para ti, y te trae gozo indescriptible cuando ve que disfrutas esos regalos y tienes éxito en la vida. Pero es la **falta de conocimiento** de lo que Jesús ha cumplido en la cruz lo que ha impedido a muchos creyentes disfrutar de esos buenos regalos y beneficios.

Esto me recuerda una historia que leí de un hombre que visitó a una anciana pobre que se estaba muriendo. Mientras estaba sentado al lado de su cama en la estrechez de su casa en mal estado, le llamó la atención un solo cuadro colgado en su pared espartana.

En lugar de una fotografía, el marco tenía un pedazo de papel amarillento con algo escrito. Él le preguntó a la anciana sobre aquel pedazo de papel y ella respondió: "Bueno, no puedo leer, así que no sé lo que dice. Pero hace mucho tiempo, trabajaba para un hombre muy rico que no tenía familia. Justo antes de morir, él me dio este papel y lo he guardado en memoria suya durante los últimos 40 o 50 años". El hombre echó un vistazo más de cerca al contenido enmarcado, dudó por un momento y luego dijo: "¿Sabe usted que este es en realidad el testamento de ese hombre? ¡La nombra a usted como única beneficiaria de toda su riqueza y de sus propiedades!"

Por cerca de 50 años, esa señora había vivido en la miseria, trabajando día y noche para ganarse una existencia precaria. Durante todo ese tiempo, era en realidad la dueña de una vasta finca y riqueza envidiable. Sin embargo, su propia ignorancia la había despojado absolutamente de una vida de lujo que podía haber disfrutado. Es una historia triste, pero lo que es aun más triste es que esa tragedia se desarrolla cada día en la vida de los creyentes que no se dan cuenta de la herencia que les legó Jesús cuando dio su vida en la cruz.

Lo que necesitamos hoy no son más leyes que rijan a los creyentes. Lo que necesitamos es una mayor revelación y reconocimiento de Jesús y de todo lo que ha hecho por nosotros! En Oseas 4:6, Dios se lamentó: "Mi pueblo fue destruido, porque le faltó conocimiento…" No seamos contados entre esas personas. Al contrario, seamos un pueblo que se llena del conocimiento de Jesús, de su persona, su amor y su obra terminada. No le permitas a tu ignorancia continuar robándote. Debes saber todo sobre tus derechos bajo el pacto de Cristo hoy!

Oración de hoy

Padre, te doy gracias porque perdonas todos mis pecados y sanas todas mis enfermedades. Gracias por redimir mi vida de la destrucción, coronándome con favores y misericordias, y por saciar mi boca con cosas buenas, de modo que mi juventud se renueva como el águila. Ayúdame a recordar todos estos beneficios cada día, y muéstrame más de Jesús, de su obra terminada y de mis derechos bajo el pacto de Él.

Pensamiento de hoy

Bendeciré al Señor y no olvidaré ninguno de sus beneficios.

Reflexión de hoy sobre el favor inmerecido

_____

_____

_____

_____

_____

_____

_____

_____

_____

_____

_____

_____

_____

_____

De lo que depende el nuevo pacto

❖

Escritura de hoy

Porque seré propicio a sus injusticias, y nunca más me acordaré de sus pecados y de sus iniquidades. —Hebreos 8:12

Hoy en día, debido a la cruz, estás bajo el nuevo pacto de la gracia. Ahora bien, ¿de qué depende el nuevo pacto? Amado, Dios es muy bueno. El nuevo pacto que Dios ha hecho no depende de nada que tú y yo debamos hacer porque Él sabe que siempre vamos a fallar. Escucha con atención. El nuevo pacto funciona por una sola cosa, y es la última cláusula del nuevo pacto: "Porque seré propicio a sus injusticias, y nunca más me acordaré de sus pecados y de sus iniquidades". En la misma medida que tengas una revelación de esta cláusula y todas tus bendiciones, caminarás en él.

¡El nuevo pacto funciona porque Dios dice que será propicio a nuestra injusticia, y no se acordará más de nuestros pecados e iniquidades!

Nota la palabra "porque". El nuevo pacto funciona **porque** Dios dice que ¡Él será propicio a nuestra injusticia, y no se acordará más de nuestros pecados e iniquidades! "No más" significa que hubo un tiempo cuando Dios se acordaba de nuestros pecados, incluso para castigarlos hasta la tercera y cuarta generación (Éxodo 20:5). Esto se encuentra en los Diez Mandamientos. Sin embargo, hoy en día, Dios dice enfáticamente: "¡No más!" (En el griego se utiliza la doble negación.) "No más" significa que Dios nunca volverá a recordar nuestros pecados contra nosotros, porque recordó (para castigar) todos nuestros pecados en el cuerpo de su Hijo. Jesús cargó con el castigo de Dios por nuestros pecados en la cruz. Ahora podemos caminar en el nuevo pacto y escuchar a Dios decir: "Nunca más me acordaré de sus pecados y de sus iniquidades".

Mi amigo, el nuevo pacto funciona por la última cláusula. En otras palabras, a causa de Hebreos 8:12, Dios puede poner sus leyes en nuestras mentes y escribirlas en nuestros corazones, y todos nosotros podemos conocerle y ser guiados por Él. ¡Es su misericordia con nosotros lo que nos permite escucharlo y ser guiados por Él a la victoria en cada situación!

Oración de hoy
Padre, te doy gracias porque el nuevo pacto se trata de todo lo que hiciste por mí y lo que no puedo hacer por mí mismo. Y estoy muy contento porque los beneficios y privilegios del nuevo pacto son míos, ¡ya que nunca más te acordarás de mis pecados e iniquidades! Hoy, puedo ser dirigido por ti y conocerte íntimamente, todo porque tú por ningún motivo mantendrás récord de mis pecados ni los sostendrás en mi contra.

Pensamiento de hoy
Por causa del sacrificio de Jesús, Dios no se acuerda de mis pecados y me ha dado todos los beneficios del nuevo pacto.

Reflexión de hoy sobre el favor inmerecido

_____

_____

_____

_____

_____

_____

_____

_____

_____

_____

Está escrito en tu corazón

Escritura de hoy

Porque Dios es el que en vosotros produce así el querer como
el hacer, por su buena voluntad. —Filipenses 2:13

DIOS HA HECHO tan fácil el nuevo pacto para que seamos dirigidos por su sabiduría y su amor. Ya no tenemos que utilizar a los profetas para saber su voluntad con nosotros. ¡Él mismo nos conduce! Para aquellos que quieren servir al Señor pero no saben por dónde empezar, simplemente pregúntense qué hay en su corazón. Si tienes el deseo de trabajar con niños, hazlo. Como creyente del nuevo pacto, así es como tu Padre te guía. Él pone sus leyes en tu mente y las escribe en tu corazón.

Dios te habla directamente y te ha facilitado conocer su voluntad a través de sus dictados en tu corazón.

Tal vez sientas la inquietud de bendecir a alguien financieramente, a pesar de que la persona se ve próspera. Sigue ese dictado de tu conciencia hoy, porque Dios te habla directamente y te ha facilitado conocer su voluntad a través de sus dictados en tu corazón. Todos sabemos cómo engañan las apariencias. Por ejemplo, muchos artistas del engaño creen que la gente de la iglesia es ingenua. Por lo tanto, se medio visten y emplean una historia triste bien ensayada para moverlos a dar. Por otro lado, hay gente noble que se visten los domingos en honor a la ocasión, pero que puede estar en una situación financiera desesperante. Por lo tanto, tenemos que seguir los impulsos de nuestro corazón y no la visión de nuestros ojos. Así que cuando sientas el deseo de hacer algo bueno por alguien, hazlo, sabiendo que tienes un corazón nuevo que escucha a Dios, ¡y que es Dios quien produce en ti tanto el querer como la capacidad de hacerlo!

Oración de hoy

Padre, te doy gracias porque simplemente escribes tu voluntad para mí en mi corazón. Y te doy gracias porque no sólo me das el deseo o la voluntad de hacer lo que quieres que yo haga, ¡sino que también me das la fuerza y la capacidad para hacerlo! Gracias por dirigirme desde mi interior en todo lo que tengo que hacer hoy.

Pensamiento de hoy

Dios pone sus deseos en mi corazón y es Él quien me capacita para hacerlos.

Reflexión de hoy sobre el favor inmerecido

Ejercita la presencia de Jesús en tu profesión

❖

Escritura de hoy

Porque tú, oh Jehová, bendecirás al justo; como con un escudo lo rodearás de tu favor. —Salmo 5:12

DONDEQUIERA QUE ESTÉS, sea lo que sea que hagas, con la presencia del Señor y su favor inmerecido cubriéndote, no hay manera que no tengas éxito. Cuando a mis veinte años empecé a trabajar, no dejaba de ejercitar la presencia de Jesús y en poco tiempo, llegué a ser el mejor vendedor en mi empresa. No sólo hacía los mayores contratos para mi empresa, sino que también aseguraba la mayor frecuencia de transacciones de venta.

Cualquiera que sea la vocación que tengas, puedes experimentar la presencia de Jesús y su favor inmerecido, ¡Él hará te hará prosperar!

Empecé como uno de los empleados peor pagados en la empresa, pero el Señor siempre me promovió, y me dio diferentes corrientes de ingresos dentro de la misma empresa hasta que me convertí en uno de los empleados mejor pagados de esa organización. Por favor, comprende que no estoy compartiendo esto contigo para añadir algo bueno a la lista. Sé sin duda alguna que todos los éxitos que he experimentado en mi carrera profesional son resultado de la presencia y el favor inmerecido de Jesús en mi vida.

He hablado acerca de mi carrera profesional (antes de entrar en el ministerio a tiempo completo) para que no te vayas pensando que he experimentado personalmente buen éxito del Señor sólo porque soy pastor. No. Como dije antes, cualquiera que sea la profesión que tengas, puedes experimentar la presencia de Jesús y su favor inmerecido, ¡Él te hará prosperar!

Si eres cocinero, conductor o consultor, no importa. Dios está de tu lado para bendecirte y hacerte triunfar. Por supuesto, entiendes que me estoy refiriendo únicamente a las profesiones moralmente correctas. No puedes depender del favor inmerecido de Dios si estás en una industria que requiere que comprometas tu moral cristiana. Si estás en una industria moralmente corrupta o un trabajo que espera que mientas, hagas trampas o engañes, mi consejo es que te ¡salgas de ahí! No tienes que depender de un trabajo que te ponga en una posición moralmente comprometedora para obtener tu ingreso económico. Dios te ama íntimamente y Él tiene guardado algo mucho mejor para ti. Confía en Él.

Dios está aquí para salvarte de destruirte a ti mismo. Él quiere darte buen éxito y te ama demasiado como para verte permanecer en un trabajo que te obliga a hacer concesiones. La Biblia dice: "De más estima es el buen nombre que las muchas riquezas, y la buena fama más que la plata y el oro" (Proverbios 22:1). Dios tiene un camino más alto y un mejor plan para ti. ¡Puedes caminar en él hoy dependiendo de su favor inmerecido para proveerte y prosperarte!

Oración de hoy
Padre, te doy gracias porque tu presencia y favor inmerecido son todo lo que necesito para disfrutar de buen éxito en mi carrera. Gracias por estar siempre a mi lado y por darme tu éxito sobrenatural en mi carrera y mis relaciones.

Pensamiento de hoy
¡La presencia de Jesús y su favor inmerecido me impulsan hacia delante en mi carrera!

Reflexión de hoy sobre el favor inmerecido

_____

_____

_____

Sacrificio perfecto, perdón completo

❖

Escritura de hoy

Y a vosotros, estando muertos en pecados y en la
incircuncisión de vuestra carne, os dio vida juntamente con
él, perdonándoos todos los pecados. —Colosenses 2:13

Nunca tendrás seguridad de tener el favor inmerecido de Dios si no estás seguro de que Dios te ha perdonado de tus pecados. Amado, yo quiero que sepas que tus pecados te son perdonados, no conforme a las riquezas de tus buenas obras, sino conforme a las riquezas de la gracia (favor inmerecido) de Dios. Todos tus pecados pasados, presentes y futuros fueron perdonados. No dibujes una línea cronológica al perdón de Dios por tus pecados. Hay algunos cristianos que creen que el perdón que recibieron sólo se extiende desde el día en que nacieron hasta el día en que se convirtieron al cristianismo. A partir de ese punto, piensan que tienen que andar con mucho cuidado en caso de que pierdan su salvación. Esta creencia es simplemente antibíblica. Colosenses 2:13 afirma con claridad que hemos sido perdonados de **todos** nuestros pecados.

En la cruz, Jesús tomó sobre sí todos los pecados que
cometerá en tu vida y pagó, una vez para siempre,
el precio completo por todos tus pecados.

¿"Todo" significa lo mismo para ti que para mí? Mi Biblia dice que todos nuestros pecados fueron perdonados por el sacrificio de Jesús en la cruz. Hemos sido perdonados ¡de una vez y para siempre! Los sumos sacerdotes en el antiguo pacto tenían que ofrecer sacrificios por los pecados de cada día. Pero Jesús, nuestro perfecto Sumo Sacerdote del nuevo pacto, ofreció el sacrificio completo, perfecto "**una vez para siempre,** ofreciéndose a sí mismo" (Hebreos 7:27). En la cruz, Él tomó sobre sí todos los pecados que cometerás en su vida y pagó, una vez para siempre, el precio completo de todos tus pecados. Cristo no tiene por qué ser crucificado de nuevo por tus pecados en el futuro. De hecho, todos estos estaban en el futuro cuando murió en la cruz. Así que cuando recibiste a Jesús en tu corazón, ¡todos tus pecados fueron perdonados, por completo!

Ahora que sabes que tu deuda ha sido totalmente compensada y liquidada por Jesús en tu nombre, no esperes que Dios trate contigo de acuerdo a tus pecados. Cuando suceda algo negativo, no te imagines que Dios te persigue por lo que hiciste en el pasado. Al contrario, toma a Dios por su Palabra y espera disfrutar de los beneficios del alto precio que Jesús pagó en la cruz por ti. Nosotros no sembramos nada bueno, pero a través de Jesús, hemos cosechado toda clase de buenas bendiciones. Eso, amigo mío, se llama favor inmerecido. Honra lo que ha hecho por ti dándole las gracias y esperando que estas bendiciones se manifiesten en tu vida todos los días.

Oración de hoy
*Padre, tu palabra es verdad: TODOS los pecados que tengo
y los que algún día cometeré han sido perdonados por ti a
causa de Jesús. Él tomó cada uno de mis pecados en la cruz y
fue castigado al máximo. Por lo tanto, sé que soy justamente
perdonado. Mi perdón se basa en el sacrificio seguro y perfecto
de Jesús. ¡Gracias para extenderme tal favor inmerecido!*

Pensamiento de hoy
TODO es perdonado a causa del sacrificio perfecto de Jesús.

Reflexión de hoy sobre el favor inmerecido

Dios está satisfecho contigo

❖

Escritura de hoy

…nos hizo aceptos en el Amado. —*Efesios 1:6*

Cuando yo era adolescente, pertenecía a un grupo de compañerismo cristiano. Nos gustaba cantar esa canción con la cual puedes estar familiarizado. Decía así: "¿Está Él satisfecho, está Él satisfecho, está Él satisfecho conmigo? ¿He hecho mi mejor esfuerzo? ¿He pasado la prueba? ¿Está Él satisfecho conmigo?"[1] Permíteme decir que 10 de cada 10 veces cuando cantaba esa canción, siempre creía que Dios **no** estaba satisfecho conmigo. Cuando nos miramos a nosotros mismos, todo lo que hay que ver es la insuficiencia y la inutilidad de nuestra capacidad y rendimiento. Nunca cumpliremos, por nosotros mismos, las expectativas de Dios para que esté satisfecho con nosotros. ¡Siempre nos quedamos cortos!

Dios no castigará al creyente de nuevo, no porque se haya enternecido con el pecado, sino porque todos nuestros pecados ya fueron castigados en el cuerpo de Jesús.

Puedes imaginarte cómo nos sentimos condenados cada vez que cantábamos esa canción. Después de todo, nunca nos habían enseñado que Dios estaba satisfecho con el sacrificio de su Hijo en la cruz, y no entendíamos de qué se trataba el nuevo pacto de gracia. Éramos jóvenes y fogosos por Dios, pero derrotados por nuestra falta de conocimiento.

Con todo el respeto debido al compositor, que creo que tenía las mejores intenciones cuando escribió la canción, esta no se basa en el nuevo pacto de favor inmerecido de Dios. Se niega la cruz y hace hincapié de nuevo en uno, lo que uno debe hacer, lo que uno debe realizar y lo que uno debe lograr para que Dios esté satisfecho. Pero la pregunta que debemos hacernos hoy no es si Dios está satisfecho con uno. La pregunta que debemos hacernos es la siguiente: ¿Está Dios satisfecho con la cruz de Jesús? Y la respuesta es la siguiente: ¡Él está completamente satisfecho!

En la cruz, se encuentra nuestra aceptación. Allí, Jesús gritó con su último aliento: "¡Consumado es!" (Juan 19:30). La obra fue acabada. El castigo completo por todos nuestros pecados fue demandado a Jesús en la cruz. Dios no castigará a los creyentes de nuevo, no porque se haya enternecido con el pecado, sino porque todos nuestros pecados ya **han sido castigados** en el cuerpo de Jesús. ¡La santidad de Dios y su justicia están ahora de tu lado! Hoy, Dios no está evaluándote basado en lo que has hecho o no. Te está evaluando en base a lo que Jesús hizo. ¿Está Dios satisfecho con Jesús hoy? ¡Sí, por supuesto que lo está! Entonces, en la misma medida que Dios está satisfecho con Jesús, lo está contigo.

El propio Hijo de Dios tenía que ser aplastado en el Calvario para que esa bendición se convirtiera en una realidad en tu vida. El don de su favor inmerecido y su justicia son un regalo para ti hoy, sólo porque el pago total por ese don fue exigido en el cuerpo de Jesús. ¡La cruz hizo toda la diferencia! No dejes que nadie te engañe haciéndote pensar que necesitas pagar por tus propios pecados. ¡No dejes que nadie te engañe con la mentira de que tu salvación eterna en Cristo es incierta y tambaleante!

Oración de hoy

Padre, te doy gracias porque tu santidad y tu justicia están de mi lado a causa del sacrificio de Jesús por mí. Te doy gracias porque no me estás evaluando en base a lo que he hecho, sino en base a lo que Jesús ha hecho. Y debido a que estás completamente satisfecho con Jesús, ¡lo estás completamente conmigo hoy!

Pensamiento de hoy

En la misma medida en que Dios está satisfecho con Jesús, está satisfecho conmigo.

Reflexión de hoy sobre el favor inmerecido

A ti se te ha perdonado mucho

Escritura de hoy

*Por lo cual te digo que sus muchos pecados le son
perdonados, porque amó mucho; mas aquel a quien
se le perdona poco, poco ama.* —Lucas 7:47

Veamos en Lucas 7:36–50 para observar lo que dijo Jesús sobre el perdón de los pecados. Simón, un fariseo, invitó a Jesús a su casa. Mientras este estaba sentado a la mesa en casa de Simón, una mujer se le acercó. Ella comenzó a llorar y lavó sus pies con sus lágrimas. Luego le limpió sus pies con sus cabellos, los besó y los ungió con perfume.

Amarás más a Jesús cuando experimentes su abundante gracia y su favor inmerecido al ser perdonado de todos tus pecados; pasados, presentes y futuros.

Cuando Simón vio eso, se dijo: "Este, si fuera profeta, conocería quién y qué clase de mujer es la que le toca, que es pecadora". A pesar de que Simón no habló en voz alta, es interesante notar que Jesús le respondió planteándole esta pregunta: " Un acreedor tenía dos deudores: el uno le debía quinientos denarios, y el otro cincuenta; y no teniendo ellos con qué pagar, **perdonó** a ambos. Di, pues, ¿cuál de ellos le amará más? Respondiendo Simón, dijo: Pienso que aquel a quien perdonó más. Y él le dijo: Rectamente has juzgado.

Y vuelto a la mujer, dijo a Simón: ¿Ves esta mujer? Entré en tu casa, y no me diste agua para mis pies; mas ésta ha regado mis pies con lágrimas, y los ha enjugado con sus cabellos. No me diste beso; mas ésta, desde que entré, no ha cesado de besar mis pies. No ungiste mi cabeza con aceite; mas ésta ha ungido con perfume mis pies. Por lo cual te digo que sus muchos pecados le son perdonados, porque amó mucho; mas aquel a quien se le perdona poco, poco ama".

La mujer amó a Jesús **mucho** porque **sabía** que había sido **perdonada muchísimo**. En realidad, nadie ha sido perdonado poco. A todos nos ha perdonado mucho. En cuanto a esa mujer, ella lo sabía. Así que lo más "peligroso" de esta doctrina del perdón total de pecados es que te enamorarás de Jesús y terminarás cumpliendo sin esfuerzo el gran mandamiento: "Amarás al Señor tu Dios con todo tu corazón, y con toda tu alma, y con toda tu mente" (Mateo 22:36–38). ¡Aleluya!

Si **piensas** que has sido perdonado poco, entonces amarás poco. Pero cuando **sabes** con certeza cuánto te ha sido perdonado, ¡más amas a Jesús! ¡El saber cuánto se te ha perdonado es el secreto para amar a Jesús! En otras palabras, sólo amarás a Jesús mucho cuando experimentes su abundante gracia y su favor inmerecido al ser perdonado de todos tus pecados: pasados, presentes y futuros. Pero su gracia es abaratada cuando piensas que sólo has sido perdonado de tus pecados hasta el momento de ser salvado, y después de ese punto, tienes que depender de tu confesión para ser perdonado.

El perdón de Dios no se da a plazos. No vayas por ahí pensando que cuando confiesas un pecado, Él te perdona sólo por ese pecado. Por tanto, la siguiente vez que peques, tienes que volver a confesar tu pecado para que te perdone de nuevo. Tal es el tipo de creencia que abarata la gracia de Jesús. Y el resultado de esto es que puesto que piensas que Él te ha perdonado poco, terminas amándote poco, y te privas de correr a Él y verlo ayudarte, liberarte y prosperarte.

Amado, ¡con un solo sacrificio en la cruz, Jesús borró todos los pecados de toda tu vida! No abarates su favor inmerecido con tu propio esfuerzo imperfecto para confesar todos tus pecados. ¡Dale a este regalo que Jesús te ha dado el valor que se merece, recibiendo y experimentando por completo su favor inmerecido hoy!

❖

Oración de hoy

Padre, te doy gracias porque he sido perdonado mucho. De hecho, todos mis pecados de toda mi vida han sido perdonados, limpiados una vez y para siempre en la sangre eterna de Jesús. Por lo tanto, ¡hoy anhelo recibir tu favor inmerecido y cada cosa buena que has enviado a mi camino!

Pensamiento de hoy

El saber cuánto he sido perdonado es el secreto para amar a Jesús mucho.

Reflexión de hoy sobre el favor inmerecido

_____

_____

_____

_____

_____

_____

_____

_____

_____

_____

_____

_____

_____

_____

_____

_____

_____

_____

_____

_____

Por qué es tan importante revelar tu perdón

❖

Escritura de hoy

Os escribo a vosotros, hijitos, porque vuestros pecados os han sido perdonados por su nombre. —*1 Juan 2:12*

La gente me pregunta de vez en cuando: *"Pastor Prince, ¿por qué el conocimiento de la remisión completa de mis pecados es tan importante para mí a fin de caminar en el favor inmerecido de Dios?"*

Esta es una buena pregunta. Permíteme compartir contigo algunas de las implicaciones involucradas. En primer lugar, si no tienes confianza en que todos tus pecados han sido perdonados, entonces tu seguridad eterna y tu salvación siempre estarán en la cuerda floja.

Cuando no tienes claridad en cuanto a tu perdón completo, estás constantemente en un sube y baja emocional.

En segundo lugar, si crees que tus pecados no fueron tratados plenamente en la cruz, entonces nunca tendrás la confianza necesaria para disfrutar de la presencia del Señor, porque nunca vas a estar seguro de si Él está de tu lado o si está esperando para castigarte por tus fracasos. Te sentirás constantemente indigno por la propia evaluación de tu conducta y, en realidad, nunca vas a tener la osadía de pedirle a Dios grandes cosas, ni creer que te dará éxito en tu vida.

En tercer lugar, si no crees que Jesús ha perdonado todos tus pecados, eso significa que cuando fallas, crees que no estás "bien "con Dios y que la comunión con Él ha sido cortada. Y en vez de depender de su favor inmerecido para superar tu fracaso, sientes que necesitas confesar tu pecado, tener remordimiento y hacer las paces con Dios antes de poder restaurar la comunión con Dios y depender de Él otra vez.

Todo se reduce a esto: Cuando no tienes claridad en cuanto a tu perdón completo, estás constantemente en un sube y baja emocional. Algunas veces sientes que las cosas entre tú y Dios están bien, pero en otras ocasiones, no crees que sea así. A veces, te sientes confiado en que el Señor está contigo, pero otras, te sientes como si lo hubieras echado todo a perder y el Señor no te va a ayudar hasta que confieses tu pecado y te enmiendes.

Estarás en un ciclo constante de inseguridad, siempre saltando dentro y fuera del favor de Dios. Todos esos sentimientos dependen de cuán bien piensas que has actuado y de ignorar la cruz de Jesús por completo. Mi amigo, Dios no te evalúa basado en tu conducta. Sólo ve el trabajo perfecto de Jesús. Pero debido a que no crees que Jesús te ha perdonado de todos tus pecados, terminas por sentirte como un total y completo hipócrita y un fracasado.

Espero que estés comenzando a ver que la comprensión del completo perdón de tus pecados no es sólo para los teólogos. Pensar que tus pecados no son completamente perdonados afecta fundamentalmente tu relación con Cristo. Mientras que Él está listo para bendecirte, darte favor y hacerte exitoso, el hecho de no creer en su obra terminada te priva de la posibilidad de recibir su bondad, sus bendiciones, su favor inmerecido y su éxito en tu vida.

La cruz de Jesús te califica, pero la incredulidad en la cláusula principal del nuevo pacto te descalifica. Medita en lo que Dios dice acerca de tus pecados en el nuevo pacto y libérate para recibir de Él hoy. El nuevo pacto se basa enteramente en su favor inmerecido. No hay nada que hacer, nada que realizar, nada que tú puedas lograr. Tu parte en el nuevo pacto sólo es tener fe en Jesús y ¡creer que eres totalmente perdonado y libre para disfrutar de las bendiciones del nuevo pacto por medio de su obra terminada!

❖

Oración de hoy

Padre, gracias por mostrarme por qué es tan importante para mí creer que todos mis pecados son perdonados. No quiero que mi relación contigo sea afectada por las dudas acerca de mi perdón total. Elijo meditar sobre lo que has declarado en la nuevo pacto acerca de mis pecados y me veo recibiendo todo lo que necesito de Ti hoy, sólo por lo que Cristo ha hecho por mí en la cruz.

Pensamiento de hoy

Soy totalmente perdonado y libre para disfrutar hoy las bendiciones del nuevo pacto a través de la obra terminada de Jesús.

Reflexión de hoy sobre el favor inmerecido

_____

_____

_____

_____

_____

_____

_____

_____

_____

_____

_____

_____

_____

_____

_____

_____

_____

No puedes perder la comunión con Dios

Escritura de hoy

*Setenta semanas están determinadas sobre tu pueblo y
sobre tu santa ciudad, para terminar la prevaricación,
y poner fin al pecado, y expiar la iniquidad, para
traer la justicia perdurable... —Daniel 9:24*

HAY ALGUNOS CRISTIANOS que creen que pueden perder la comunión con Dios cuando uno peca y que hay que confesar el pecado a Dios para obtener perdón a fin de ser justo de nuevo. Afirman que tu **relación** con Dios no se rompe cuando pecas, pero la **comunión** con Él sí, por lo que necesitas confesar tu pecado para restaurar dicha comunión.

**Como creyente en el nuevo pacto, tú eres justo, no sólo
hasta el siguiente pecado. ¡Tienes justicia eterna!**

Suena muy bien. Pero creer que tu comunión con Dios es rota cuando pecas afecta tu capacidad para acercarse confiadamente a su trono de la gracia a recibir de Él. En realidad, las palabras "relación" y "comunión" comparten la misma raíz griega, la palabra *koinonia*.[1] Esto significa que aun cuando falles, la relación y comunión con Dios no se rompen. ¿Por qué? Debido a que tus pecados y fracasos han sido pagados en la cruz. ¿Cómo puedes perder tu justicia en Cristo cuando te basas exclusivamente en su trabajo perfecto y no en tu imperfección?

Para ver cómo tenemos justicia eterna en Cristo, mira la profecía en el libro de Daniel sobre la obra de Jesús en el Calvario. Daniel 9:24 describe su misión en términos inequívocos: "para terminar la prevaricación, y poner fin al pecado, y para expiar la iniquidad, para traer la **justicia perdurable**". Amados, ¡podemos alegrarnos hoy porque Jesús ha cumplido cada ápice de esa profecía! La sangre de los toros y cabras en el antiguo pacto sólo proporcionaban justicia limitada y temporal para los hijos de Israel, y es por eso que con cada nueva falta, los sacrificios tenían que ser repetidos.

Pero en el nuevo pacto, la sangre de Jesús ¡puso **fin** al pecado y nos dio justicia perdurable! Escucha con atención esto: Jesús no tiene que ser crucificado repetidamente cada vez que falles, porque todo pecado ya ha sido pagado en la cruz. Tenemos que confiar simplemente en cuán completa y perfecta es su obra terminada. Hoy, como creyente del nuevo pacto, eres justo, no sólo hasta el siguiente pecado. ¡tienes **justicia perdurable**!

Oración de hoy

Padre, ¡Te doy gracias porque la sangre de tu Hijo Jesucristo ha puesto fin al pecado y me ha dado justicia perdurable! Y dado que tengo este don de la justicia eterna que no depende de mis obras, mi comunión contigo no se puede romper incluso aunque falle. Todavía puedo venir a ti con confianza para recibir gracia y ayuda. ¡Cómo no voy a ser victorioso en la vida con tu gracia y ayuda!

Pensamiento de hoy

¡Puesto que yo estoy en Cristo, tengo justicia perdurable!

Reflexión de hoy sobre el favor inmerecido

_____

_____

_____

_____

_____

_____

_____

_____

Nuestra parte en el nuevo pacto de la gracia

❖

Escritura de hoy

Sabed, pues, esto, varones hermanos: que por medio de él se os anuncia perdón de pecados, y que de todo aquello de que por la ley de Moisés no pudisteis ser justificados, en él es justificado todo aquel que cree. —Hechos 13:38–39

¿CUÁL ES NUESTRA parte en el nuevo pacto de la gracia? Nuestra parte en el nuevo pacto de la gracia es simplemente **creer**. ¿Qué debemos creer? ¡Debemos creer en Jesús! Pero, sígueme ahora bien de cerca, esta respuesta puede que no sea tan sencilla como parece. Si se le preguntara a la gente en las calles si creen en Jesús, es probable que se obtenga todo tipo de respuestas.

Habría los que creen que Jesús existió como figura histórica, filósofo moral, líder carismático o profeta. Lamentablemente, la verdad es que creer todas esas cosas acerca de Jesús no los salvará.

Tu parte en el favor inmerecido de Dios neotestamentario es creer que eres completamente perdonado de todos tus pecados, y que la sangre de Jesús te limpia de toda tu injusticia e iniquidad.

Así que vamos a establecer lo que significa creer en Jesús. Creer en Jesús es, ante todo, creer y recibirlo como Señor y Salvador personal, que murió en la cruz por todos tus pecados. Creer en Jesús es creer que Jesús que es el único camino de salvación y que una vez que lo recibas, recibes el don de la vida eterna. Por otra parte, creer en Jesús es creer más allá de toda duda que todos tus pecados —pasados, presentes y futuros— fueron castigados en la cruz y que hoy (aquí es donde la última cláusula del nuevo pacto se aplica), ¡Él NUNCA MÁS se acuerda de tus pecados e iniquidades!

Basado en el nuevo pacto de la gracia, ¿qué quiere Dios que creas? Él quiere que creas con todo tu corazón lo que quiso decir cada palabra cuando dijo: "…seré propicio a sus injusticias, y nunca más me acordaré de sus pecados y de sus iniquidades " (Hebreos 8:12). Como ves, en el nuevo pacto, ¡no hay nada que hacer excepto creer! Tu parte en el favor inmerecido de Dios es creer que eres completamente perdonado de todos tus pecados, y que la sangre de Jesús te limpia de toda injusticia e iniquidad.

A los ojos de Dios, eres hecho perfectamente justo hoy por la obra terminada de Jesús. El énfasis del nuevo pacto es creer que has sido perdonado de todo pecado y que Dios los ha borrado de su memoria. Si no lo crees, será imposible que dependas y esperes que Dios te proteja, provea y prospere. Si no crees esto, te robará la posibilidad de recibir su bondad, sus bendiciones, el favor inmerecido y el éxito. Así que, cree. ¡Solamente cree!

Oración de hoy

Padre, te doy gracias porque todos mis pecados —pasados, presentes y futuros— han sido borrados por la sangre de Jesús. De ninguna manera te acordarás de ellos. Hoy espero ver tu provisión y protección. Recibo tu bondad, bendiciones, favor inmerecido y buen éxito para cada área de mi vida.

Pensamiento de hoy

¡Sólo creer!

Reflexión de hoy sobre el favor inmerecido

_____

_____

_____

_____

_____

Verifica todo lo que oigas con la Palabra de Dios

❖

Escritura de hoy

No menospreciéis las profecías. Examinadlo todo;
retened lo bueno. —1 Tesalonicenses 5:20–21

TE ANIMO A que verifiques todo lo que oigas con la Palabra de Dios. Siempre le digo a mi iglesia que lean la Biblia en vez de simplemente tragarse todo lo que cualquier predicador, incluyéndome a mí, diga. Sé prudente y no te tragues todo, anzuelo, plomo, bote ¡e incluso las botas! Discierne cuando escuches algo que no sientas bien en tu espíritu, como cuando un pastor te dice que "Dios te da enfermedades para enseñarte una lección." Pregúntate: "¿Concuerda esto con el favor inmerecido de Dios del nuevo pacto? ¿Hay Escrituras del nuevo pacto que respalden esta enseñanza?"

Para entender la Biblia, debemos leer todo en su contexto.

¡La respuesta es obvia una vez que te alineas con Jesús y lo que hizo en la cruz por ti! ¿Por qué te dará Dios enfermedades cuando Jesús ya tomó todas las enfermedades y dolencias sobre su propio cuerpo en la cruz? Con plena certeza en tu corazón de que la enfermedad no es de Dios, ¡puedes tener fe para ser sanado! Pero ¿qué seguridad puedes tener si crees la mentira de que la condición proviene de Dios? Ahora, en vez de pensar que Dios está en tu contra, te das cuenta de que ¡Él está de tu lado! ¡Tu confianza se restaura, se renueva tu fe y tu sanidad puede fluir sin cesar a través de cada célula, tejido y órgano de tu cuerpo!

Permíteme compartir contigo las palabras de Miles Coverdale, que dijo: "Te ayudará en gran medida a entender las Escrituras, si marcas no sólo lo que es hablado o escrito, sino de quién, a quién, con qué palabras, en qué época, dónde, con qué intención, en cuál circunstancia, teniendo en cuenta lo que viene antes, y lo que sigue después".[1]

En esencia, decía que para entender la Biblia, necesitamos leer cada cosa en su contexto. Qué consejo más poderoso el del hombre que tradujo y produjo la primera Biblia en inglés en el siglo XVI.

Mi amigo, emplea bien los pactos cada vez que leas la Biblia y nunca te avergonzarás. Ahora que has recibido a Jesús en tu vida, estás bajo el nuevo pacto ¡y es tu derecho neotestamentario disfrutar del favor inmerecido de Jesús para tener éxito en la vida!

Oración de hoy

Padre, dame un corazón con discernimiento para que cuando lea mi Biblia o escuche un sermón, sepa lo que es del antiguo pacto y lo que es del nuevo. No quiero ser ingenuo o crédulo, Padre, pero quiero ser capaz de reconocer lo que está en tu corazón para mí hoy, y lo que es sólo opinión o tradición del hombre, para que pueda disfrutar con confianza de tu favor inmerecido, que se basa en la verdad de tu Palabra.

Pensamiento de hoy

Es mi derecho del nuevo pacto disfrutar del favor inmerecido de Jesús para tener éxito en la vida.

Reflexión de hoy sobre el favor inmerecido

_____

_____

_____

_____

_____

_____

Enfoca tu atención en la obra terminada de Jesús

❖

Escritura de hoy

Y yo sin la ley vivía en un tiempo; pero venido el mandamiento, el pecado revivió y yo morí. Y hallé que el mismo mandamiento que era para vida, a mí me resultó para muerte. — Romanos 7:9–10

En 1942, C. S. Lewis escribió un brillante libro titulado *Cartas del diablo a su sobrino.* En este cuenta la historia de un demonio superior enseñándole a uno menor cómo explotar las flaquezas y debilidades del hombre. En ese mismo sentido, me imagino que Romanos 7:9 es probablemente el versículo más estudiado y memorizado en el infierno. A todos los demonios menores se les enseña este versículo; una conferencia de este tema se titularía: "¡Cómo lograr un avivamiento del pecado!" De acuerdo a Pablo, cuando se introduce la ley, ¡habrá un AVIVAMIENTO DEL PECADO! Y eso no es todo. Además de revivir el pecado, ¡la ley también mata y trae muerte! ¿No es sorprendente, entonces, que haya ministros con buenas intenciones que predican en gran medida acerca de los Diez Mandamientos, pensando que la imposición de la ley hará que el pecado sea eliminado?

La única manera de salir del círculo vicioso de la derrota es enfocar la atención en la obra completa de Jesús.

De acuerdo a Romanos 3:20, "**por medio de la ley es el conocimiento del pecado**". En otras palabras, sin la ley, no habría conocimiento del pecado. Por ejemplo, puedes conducir a cualquier velocidad que quieras en un camino que no tiene un límite de velocidad y nadie te puede acusar de exceso de velocidad. Pero una vez que las autoridades ponen un límite de velocidad en el mismo camino, tienes el conocimiento de que si corres más de 120 kilómetros por hora en esa carretera, estarías violando la ley. De la misma manera, Pablo dijo: "Porque tampoco conociera la codicia, si la ley no dijera: No codiciarás" (Romanos 7:7). Por eso es que el enemigo siempre vierte acusaciones sobre ti utilizando la voz de un legalista.

Él usa la ley y los mandamientos para mostrar sus fracasos, para centrar la atención en cómo tu comportamiento te ha descalificado de la comunión con Dios, y para señalar continuamente cuán indigno eres de su aceptación, su amor y sus bendiciones. El enemigo usa la ley para amontonar condenación sobre ti y darte una sensación de culpabilidad y distanciamiento de Dios. Él sabe que mientras más condenación y culpa sientas, más probable es que te sientas alejado de Dios y continúes en ese pecado. La única manera de salir de ese círculo vicioso de derrota es centrando la atención en la obra completa de Jesús, que con su muerte en la cruz tomó tu condenación y te hizo apto para que recibas la aceptación, el amor y las bendiciones de Dios para siempre.

Oración de hoy

Padre, te doy gracias porque no hay condenación para mí porque estoy en Cristo. Te agradezco porque mis pecados son perdonados y porque me ves justo en Cristo. Ayúdame a recordar siempre estas verdades eternas, sobre todo cuando el enemigo trata de utilizar la ley para condenarme. Te doy gracias porque hoy y todos los días, tengo tu constante presencia, amor y aceptación.

Pensamiento de hoy

El arma favorita del enemigo para mantenerme derrotado es la ley. Así que, centraré mi atención en la obra terminada de Jesús y no en mi propio esfuerzo.

Reflexión de hoy sobre el favor inmerecido

La robusta paz de Dios

❖

Escritura de hoy

Y la paz de Dios, que sobrepasa todo entendimiento,
guardará vuestros corazones y vuestros pensamientos
en Cristo Jesús. —Colosenses 2:13

QUIERO HABLARLES HOY acerca de experimentar el tipo de paz de Dios en medio de circunstancias terribles. Mi amigo, la paz no es ausencia de problemas. No es ausencia de turbulencias, desafíos o cosas que no están en armonía en tu entorno físico. Es posible estar en medio de la mayor crisis de tu vida y aun así experimentar paz. Ese es el tipo verdadero de paz que se puede experimentar con Jesús; paz que sobrepasa todo entendimiento. Hablando en lo natural, no es lógico que te sientas completamente en reposo y en paz cuando estás en una situación desesperada; pero en lo sobrenatural, puedes estar lleno de paz.

Jesús nos da paz, seguridad, abrigo y protección
incluso en medio de la tormenta.

El mundo define la paz, la armonía y la tranquilidad basado en lo que está sucediendo en el ámbito sensorial. La noción del mundo acerca de la paz se vería como algo así: Un hombre acostado en una hamaca en una playa de arena blanca, en Hawái, oyendo música y jugando suavemente en la cabaña, con cocoteros meciéndose al unísono y ondas cálidas, azules, rodando lánguidamente a lo largo de la costa. El mundo llama a eso paz, ¡hasta que la realidad entra en acción, y la paz transitoria que se vivió hace unos momentos se disipa en el aire!

Ya ves, amigo mío, no puedes usar tu entorno para influir en forma permanente en la agitación que sientes en su interior. Sólo Jesús puede tocar lo que estás sintiendo en tu interior y transformar esas turbulencias en su paz. Con el Señor a tu lado, y partiendo de esa paz duradera en tu interior, puedes influir en tu entorno externo. No es al revés. Con Jesús, la transformación es siempre de adentro hacia afuera y no de afuera hacia adentro. Él pone una paz y un descanso en su corazón que es seguro que puedes enfrentar cualquier reto sin preocupación o estrés, independientemente de tus circunstancias negativas y del medio ambiente.

Oración de hoy

Padre, reconozco que el tipo de paz que el mundo ofrece no puede durar. Muéstrame hoy y en los próximos días cómo puedo experimentar y caminar más en tu paz profunda y duradera que sobrepasa todo entendimiento, la cual es mía en Cristo.

Pensamiento de hoy

La paz interior de Dios puede influir en mis circunstancias externas.

Reflexión de hoy sobre el favor inmerecido

_____

_____

_____

_____

_____

_____

_____

_____

_____

_____

_____

_____

Paz en medio de la tormenta

❖

Escritura de hoy

El que habita al abrigo del Altísimo morará bajo la
sombra del Omnipotente… Con sus plumas te cubrirá, y
debajo de sus alas estarás seguro… —Salmo 91:1, 4

Recuerdo haber leído acerca de un concurso de arte en que el tema que se dio fue la "paz". El artista que mostrara más eficazmente la paz en su obra ganaría la competencia. Los artistas reunieron sus pinturas, lienzos y pinceles y comenzaron a crear sus obras maestras. Cuando llegó el momento de juzgar las obras de arte, los jueces quedaron impresionados por las diversas escenas de tranquilidad ilustradas por los artistas. Había una pieza majestuosa que captaba el brillo del sol sobre un verde lozano, una que representaba un sereno paisaje de colinas iluminadas por la luna y otra pieza evocadora que mostraba a un hombre solitario caminando tranquilamente a través de un rústico campo de arroz.

Solamente Jesús puedes tocar lo que estás sintiendo
en el interior y convertir esa crisis en su paz.

Entonces los jueces llegaron a una pieza peculiar que parecía casi horripilante y quizá incluso fea para algunos. Era la antítesis de todas las otras que habían visto. Era una antítesis salvaje de colores violentos y la agresión con la que el artista había azotado su pincel contra el lienzo era evidente. Mostraba una tormenta donde las olas del mar estaban hinchadas a alturas amenazantes y golpeando contra los bordes de un acantilado escarpado con fuerza atronadora. Rayos zigzagueaban a través del cielo ennegrecido y las ramas del único árbol que estaba en lo alto del peñasco estaban barridas todas hacia un lado por la fuerza del vendaval. Ahora, ¿cómo podría esta imagen ser el epítome de la paz?

Sin embargo, los jueces dieron el primer premio por unanimidad al artista que pintó la tormenta tumultuosa. Si bien los resultados inicialmente parecían ser espantosos, de inmediato la decisión de los jueces se evidenciaba una vez que uno le daba un vistazo más de cerca al lienzo. Escondida en una grieta del acantilado había una familia de águilas cómodamente en su nido. El águila madre se enfrentaba a los vientos que soplaban con furia, pero sus polluelos jóvenes estaban ajenos a la tormenta y durmiendo bajo el refugio de sus alas.

Ahora, ¡**ese** es el tipo de paz que Jesús nos da a ti y a mí! Él nos da paz, seguridad, abrigo y protección, incluso en medio de la tormenta. El salmista lo describe bellamente: "El que habita al abrigo del Altísimo morará bajo la sombra del Omnipotente… Con sus plumas te cubrirá, y debajo de sus alas estarás seguro…"

No hay lugar más seguro que bajo el amparo protector de las alas de tu Salvador. No importa qué circunstancias puedan rodearte furiosas. Puedes clamar al Señor por su favor inmerecido, como lo hizo David en el Salmo 57:1: "Ten misericordia de mí, oh Dios, ten misericordia de mí; porque en ti ha confiado mi alma, y en la sombra de tus alas me ampararé hasta que pasen los quebrantos". La Nueva Versión Internacional dice: "Ten compasión de mí, oh Dios; ten compasión de mí, que en ti confío. A la sombra de tus alas me refugiaré, hasta que haya pasado el peligro". Qué bendita garantía tenemos hoy, sabiendo que aun si la destrucción ruge a nuestro alrededor, podemos tener refugio en el Señor.

Oración de hoy

Padre, te doy gracias porque en medio de una crisis, puedo refugiarme en la sombra de tus alas y tener tu paz. Mi confianza está en ti y te doy gracias porque me protegerás y liberarás a mí y a mis seres queridos sin importar lo que se esté librando a nuestro alrededor.

Pensamiento de hoy

Pase lo que pase, puedo refugiarme en el Señor y disfrutar de su paz.

Reflexión de hoy sobre el favor inmerecido

Guarda lo que entre por las puertas de tus ojos y tus oídos

❖

Escritura de hoy

Hijo mío, atiende a mis consejos; escucha atentamente lo que digo. No pierdas de vista mis palabras; guárdalas muy dentro de tu corazón. Ellas dan vida a quienes las hallan; son la salud del cuerpo. —Proverbios 4:20–22

Estaba viendo un popular programa de la televisión con el anfitrión entrevistando a algunos expertos sobre la economía de Estados Unidos. Un "experto" fue muy optimista y expuso sus razones. Luego, intervino otro "experto" y brindó las suyas en cuanto a un panorama económico sombrío. Vi el programa más de una hora y al final ninguno de los "expertos" concordaron en algo.

¡Cuanto más oigamos y veamos a Jesús, más saludables y fuertes nos haremos! ¡Nuestros cuerpos mortales son infundidos con su vida de resurrección y poder!

Por otro lado, cuando nos alimentamos de la persona de Jesús, que es el árbol de la vida, encontramos que ¡su sabiduría, comprensión, paz, alegría y favor inmerecido fluirá en nuestras vidas! Una vez más, no estoy diciendo que no debes ver las noticias. Solo digo que es importante que controles tu dieta de lo que ves. Es mucho más poderoso estar llenos de Jesús que de conocimiento del mundo.

Siempre animo a mi iglesia a estar atentos a las puertas de sus ojos y sus oídos. En esencia, esto significa que tenemos que ser conscientes de lo que vemos y oímos con regularidad. El libro de los Proverbios, que está lleno de la sabiduría de Dios, nos dice: "Hijo mío, **atiende a mis**

consejos; escucha atentamente lo que digo. No pierdas de vista mis palabras; guárdalas muy dentro de **tu corazón**. Ellas dan **vida** a quienes las hallan; son la salud del cuerpo".

Dios nos dice que guardemos lo que **oímos**, lo que **vemos** y lo que está **en nuestros corazones**. Él quiere que tengamos nuestros oídos llenos de las palabras de gracia de Jesús, nuestros ojos llenos de la presencia de Jesús y nuestros corazones meditando sobre lo que hemos oído y visto en Jesús. Eso es lo que significa "atiende a mis consejos" hoy, en el nuevo pacto, porque Jesús es la Palabra de Dios hecha carne. Juan 1:14 dice: "Y aquel Verbo fue hecho carne, y habitó entre nosotros (y vimos su gloria, gloria como del unigénito del Padre), lleno de gracia [favor inmerecido] y de verdad".

Todo trata acerca de contemplar a Jesús y, en la medida en que lo contemplemos, somos transformados cada vez más a su semejanza, llenos de favor inmerecido y verdad. No te pierdas esa promesa, mi amigo. El resultado de sintonizar las puertas de nuestros oídos y ojos con Jesús es que Él será vida y salud para nosotros. La Biblia nos muestra que existe una correlación directa entre oír y ver a Jesús con la salud de nuestros cuerpos físicos. Mientras más oigamos y veamos a Jesús, más sanos y fuertes seremos. ¡Nuestros cuerpos mortales son infundidos con su vida de resurrección y poder.

Si estamos alimentándonos constantemente de los medios de comunicación, no es de extrañar que nos sintamos débiles y cansados. Simplemente no hay alimento para nosotros allí. Por favor, escuche lo que estoy diciendo. Está bien mantenernos al corriente de los acontecimientos del mundo actual y tener conocimiento sobre lo que está sucediendo en Oriente Medio, las tendencias de la economía y la evolución en la arena política. Esa información puede ser incluso necesaria para la industria en la que trabajas. No estoy pidiendo que te conviertas en un ignorante o vivas en una cueva. Lo que estoy diciendo es esto: Debes saber lo que es bueno para la totalidad de tu cuerpo y tu mente; no te des una sobredosis de información y conocimiento que no te infunda la vida y el poder de Dios.

❖

Oración de hoy

Padre, ayúdame a ser sabio en la vigilancia de lo que voy a dejar entrar a través de las puertas de mis ojos y mis oídos. Te pido que crees en mí un hambre por más de Cristo y de su Palabra. Quiero que mis ojos siempre contemplen su belleza y que mis oídos siempre escuchen sus palabras de gracia. Y al ver y escuchar más de Jesús por tu Espíritu Santo, te doy gracias por una medida mayor de paz, plenitud y fuerza que fluya a través de mi cuerpo y mi alma.

Pensamiento de hoy

*Mientras más contemplo a Jesús, más saturado
estoy de su favor inmerecido.*

Reflexión de hoy sobre el favor inmerecido

_____

_____

_____

_____

_____

_____

_____

_____

_____

_____

_____

_____

_____

_____

Recibe el Shalom de Jesús

❖

Escritura de hoy

El corazón tranquilo da vida al cuerpo…
—Proverbios 14:30, NVI

LA MEJOR MANERA de saber si estás envuelto en las cosas del mundo es ser objetivo y preguntarte lo siguiente: "¿Está mi corazón turbado?". Creo que la principal causa de muerte en el mundo moderno es **el estrés**. Los médicos en mi iglesia me han dicho que si un paciente tiene la presión arterial alta, ellos pueden aconsejarle al paciente que reduzca el consumo de sodio. También pueden aconsejar a sus pacientes que reduzcan los excesos de otros elementos como el azúcar o el colesterol. Pero como médicos, hay una cosa que no pueden controlar en sus pacientes y son los niveles de estrés de estos.

El estrés no es de Dios. ¡Lo que proviene de Él es la paz!

Personalmente, creo que la causa física de muchas condiciones médicas hoy en día es el estrés. El estrés puede producir todo tipo de desequilibrios en su cuerpo. Le puede hacer envejecer prematuramente, darle erupciones, causarle dolores gástricos e incluso hacerle crecer tumores anormales en el cuerpo. Para decirlo de manera sucinta, ¡el estrés mata! Los médicos nos dicen que ciertos síntomas físicos son de naturaleza "sicosomática". Eso es debido a que tales síntomas son causados por problemas sicológicos como el estrés. El estrés no es de Dios. ¡Lo que proviene de Él es **la paz**!

Confío en que estás comenzando a comprender por qué Jesús dijo: "La paz os dejo, mi paz os doy; yo no os la doy como el mundo la da. No se turbe vuestro corazón, ni tenga miedo" (Juan 14:27). Ahora bien,

Jesús no habría utilizado la palabra "paz". El Nuevo Testamento griego traduce "paz" como *eirene*, pero como Jesús hablaba hebreo aramaico, habría utilizado la palabra "shalom": "**Shalom** os dejo, mi shalom os doy; yo no os la doy como el mundo la da".

En el hebreo vernáculo, "shalom" es una palabra muy rica y cargada. No hay ninguna palabra en castellano que pueda captar con precisión la plenitud, la riqueza y el poder contenidos en la palabra "shalom". Por lo tanto, los traductores de la Biblia sólo fueron capaces de traducirlo como "paz". Pero aun cuando la palabra "shalom" incluye la paz, significa mucho más. Vamos a ver el léxico hebreo de Brown Driver & Briggs, para obtener una mejor idea de lo que Jesús quiso decir cuando expresó: "Shalom os dejo".

El léxico hebreo describe "shalom" como **plenitud, seguridad, solidez (en el cuerpo), bienestar, salud, prosperidad, paz, quietud, tranquilidad, contentamiento, paz utilizada en las relaciones humanas, paz con Dios especialmente en nuestra relación de pacto y paz en cuanto a la guerra.**[1] ¡Ah, qué poderosa palabra! Este es el shalom que Jesús te legó: Su plenitud, su seguridad, su solidez, su bienestar, su salud, su prosperidad, su paz, su quietud, su tranquilidad, su contentamiento, su paz en las relaciones humanas, su paz con Dios a través del pacto hecho en la cruz y su paz en la guerra. Todo esto, mi amigo, es parte de tu herencia en Cristo hoy!

¿Te imaginas las consecuencias plenas de lo que significa experimentar el shalom de Jesús en su vida? ¿Te imaginas tu vida libre de remordimientos, ansiedades y preocupaciones? ¿Qué tan saludable, vibrante, enérgico y fuerte serías! Agradece a Dios esta bendición hoy y empieza a disfrutar del shalom de Jesús en cada área de tu vida.

Oración de hoy

Señor Jesús, gracias por darme tu shalom en cada área de mi vida. Quiero vivir y caminar en una mayor medida de tu shalom. Quiero tener una vida libre de remordimientos, angustias y preocupaciones, y experimentar más de tu salud, energía y fuerza.

Hoy, debido a que tengo tu shalom, voy a caminar en tu paz, prosperidad y protección mientras enfrento las demandas de este día

Pensamiento de hoy

Menos estrés, y más del shalom de Jesús, equivale a más salud.

Reflexión de hoy sobre el favor inmerecido

La paz de Jesús te prepara para triunfar

✤

Escritura de hoy

En el amor no hay temor, sino que el perfecto amor echa fuera el temor; porque el temor lleva en sí castigo. De donde el que teme, no ha sido perfeccionado en el amor. —*1 Juan 4:18*

JESÚS TE DA su shalom a fin de prepararte para triunfar en la vida. No puedes tener éxito en tu matrimonio, familia y carrera cuando estás abrumado y paralizado por el miedo. Hoy en día, cuando lees esto, creo con todo mi ser que Jesús ya ha comenzado un trabajo en tu corazón para liberarte de todos tus miedos, cualquiera que estos sean. Puede ser miedo al fracaso, miedo al éxito, miedo a la opinión de la gente o hasta temor de que Dios no esté contigo.

El shalom de Jesús está a tu lado para hacer que tengas éxito en la vida.

Todos los miedos que experimentas hoy comenzaron con una mentira, una mentira que de alguna manera creíste. Tal vez has creído que Dios está enojado y disgustado contigo, y que su presencia está lejos de ti. Es por eso que la Biblia dice: "En el amor no hay temor, sino que el perfecto amor echa fuera el temor; porque el temor lleva en sí castigo. De donde el que teme, no ha sido perfeccionado en el amor".

Este texto nos dice que cuando comienzas a tener la revelación de que Dios te ama perfectamente (no por lo que hayas logrado, sino por lo que Jesús ha logrado para ti), esa revelación del favor inmerecido de Jesús echará fuera todo temor, toda mentira, toda ansiedad, toda duda y toda preocupación de que Dios está en tu contra. Entre más revelación tengas de Jesús y de cómo Él te ha hecho perfecto, ¡más te liberarás para recibir su shalom completo y para triunfar en la vida!

Mi amigo, debes saber que, como creyente en Jesucristo, tienes paz absoluta con Dios. El nuevo pacto de la gracia también es conocido como el pacto de paz. Hoy estás parado sobre la justicia de Jesús y no la tuya propia. Hoy, gracias a Jesús, Dios te dice esto: "No me enojaré contra ti, ni te reñiré [condenaré]. Porque los montes se moverán, y los collados temblarán, pero no se apartará de ti mi misericordia, ni el **pacto de mi paz** se quebrantará" (Isaías 54:9–10).

Dios está de tu lado. El shalom de Jesús está a tu favor para hacer que tengas éxito en la vida. Todos los recursos del cielo están de tu lado. Aunque estés atrapado en medio de una tormenta en este momento, piensa sólo en la imagen de los polluelos de águila durmiendo a pesar de la tormenta, situados bajo las alas de su madre, su protectora y su proveedora. Y que el shalom de Dios, que sobrepasa todo entendimiento, guarde tu corazón y mente a través de Cristo Jesús (Filipenses 4:7). Ve con esta paz, mi amigo, ¡y descansa en su shalom!

Oración de hoy

Padre, dame una mayor revelación de cuán perfectamente me amas, porque tu amor perfecto echará fuera todo temor en mi vida. Tú no quieres que yo tenga miedo al fracaso, a las opiniones que la gente tiene de mí o de lo que pueda depararme el futuro. Por causa de Jesús, ¡estoy en un pacto de gracia y paz en el cual siempre experimentaré tu bondad, y en el que el shalom de Jesús está siempre de mi lado para hacerme tener éxito en la vida!

Pensamiento de hoy

Dios no está enojado conmigo. Él no me condena, sino que me ama perfectamente a causa del sacrificio perfecto de Jesús por mí.

Reflexión de hoy sobre el favor inmerecido

La gracia y la verdad son una sola cosa

❖

Escritura de hoy

Pues la ley por medio de Moisés fue dada, pero la gracia y la
verdad vinieron por medio de Jesucristo. —Juan 1:17

¿SABÍAS QUE DIOS ve la gracia (favor inmerecido) y la verdad como una
sola y la misma cosa? Observa en Juan 1:17 que la verdad está en el mismo lado que el favor inmerecido de Dios y tanto la gracia (favor inmerecido) como la verdad vinieron por medio de Jesucristo. Cuando estudié
este versículo en su original griego, me enteré de que se refiere a "gracia
y verdad" como una unidad singular, ya que son seguidas por el verbo en
singular traducido como "vinieron". En otras palabras, a los ojos de Dios,
la gracia y la verdad son sinónimos, el favor inmerecido es verdad y la verdad es favor inmerecido.

No puedes separar la verdad de la gracia ni la gracia de la verdad
ya que ambas están encarnadas en la persona de Jesucristo.

A veces, la gente me dice cosas como: "Bien, es bueno que usted pre-
dique de la gracia, pero también tenemos que hablarle a la gente acerca
de la verdad". Esto lo hace parecer como si la gracia y la verdad fueran
dos cosas diferentes, cuando en realidad, son una sola cosa. No se puede
separar la verdad de la gracia ni la gracia de la verdad, ya que ambas están
encarnadas en la persona de Jesucristo. De hecho, sólo unos pocos versículos antes, Juan (1:14), refiriéndose a la persona de Jesús, dice: "Y aquel
Verbo fue hecho carne, y habitó entre nosotros (y vimos su gloria, gloria
como del unigénito del Padre), **lleno de gracia [favor inmerecido] y de**
verdad". La gracia y la verdad **vinieron** juntas a través de la persona y
ministerio de Jesús. La gracia no es una doctrina o enseñanza. La gracia
es una Persona.

Esto contrasta con el antiguo pacto de la ley que fue dada por medio de Moisés en el Monte Sinaí. Podemos ver que Dios es muy preciso para tratar con los dos pactos y no mezclarlos. La gracia es la gracia y la ley es la ley. La gracia vino por Jesús mientras que la ley fue dada por medio de Moisés. Jesús no vino para darnos más leyes. Él vino a darnos su favor inmerecido, que es su verdad. Sería de inmensa utilidad para ti tener en cuenta que cada vez que lees la palabra "gracia" en la Biblia, la tradujeras mentalmente como "favor inmerecido", porque eso es lo que es.

Mi amigo, "la gracia vino". Una cosa es dar y otra es venir. Como ves, yo te podría enviar un DVD de mi sermón en vez de ir a ti. Pero si voy a ti, el asunto es personal. La ley fue dada por Moisés, pero la gracia vino por Jesucristo. Cada sistema moral trata sobre el hombre intentando alcanzar a Dios con su disciplina y sus buenas obras, pero en el cristianismo, ¡Dios bajó a donde estábamos para levantarnos a donde Él está!

Oración de hoy

Padre, te doy gracias porque Jesús vino personalmente a morir por mí a liberarme del pecado, las ataduras y la muerte eterna. Te doy gracias porque no vino a darme más leyes, sino a darme su favor inmerecido, el cual es tu verdad. Hoy he sido levantado y estoy sentado con Cristo a tu mano derecha, ¡todo porque la gracia vino!

Pensamiento de hoy

Jesús no vino a darme más leyes. Él vino a darme su favor inmerecido, que es su verdad.

Reflexión de hoy sobre el favor inmerecido

Bendecido por la bondad de Dios

Escritura de hoy

*Y Jehová habló a Moisés, diciendo: Yo he oído las murmuraciones
de los hijos de Israel; háblales, diciendo: Al caer la tarde
comeréis carne, y por la mañana os saciaréis de pan, y sabréis
que yo soy Jehová vuestro Dios. —Éxodo 16:11–12*

HACE MUCHOS AÑOS, cuando estaba estudiando la Palabra de Dios, el
Señor me habló, diciendo: "Antes de que la ley fuera dada, ninguno de
los hijos de Israel murió cuando salieron de Egipto. A pesar de que mur-
muraron y se quejaron contra el liderazgo designado por Dios, ni uno
solo de ellos murió. Esta es una imagen de pura gracia". Nunca había
oído a nadie enseñar eso antes ni leído en algún libro, así que fui rápidamente a esa porción de la Biblia y, en verdad, ¡no pude encontrar a
alguien que muriera antes de que la ley fuera dada!

**Vivir bajo la gracia significa que todas las bendiciones
y disposiciones que recibimos dependen de la
bondad de Dios y no de nuestra obediencia.**

Dios había librado a los hijos de Israel de toda una vida de esclavitud mediante la realización de grandes señales y maravillas. Pero cuando
se vieron atrapados entre el Mar Rojo y el avance del ejército egipcio, se
quejaron ante Moisés, diciendo: "¿No había sepulcros en Egipto, que nos
has sacado para que muramos en el desierto? ¿Por qué has hecho así con
nosotros, que nos has sacado de Egipto?" (Éxodo 14:11). ¡Qué osadía! Y,
sin embargo, ¿castigó Dios a los que murmuraban? No, de hecho, salvó a
los israelitas espectacularmente, abriendo el Mar Rojo para que pudieran
escapar de sus perseguidores que se acercaban a ellos.

Después de haber cruzado al otro lado del mar, continuaron murmurando una y otra vez, a pesar de las provisiones milagrosas de Dios y de su protección clemente. En un lugar llamado Mara, se quejaron de que las aguas eran amargas, por lo que Dios tornó el agua dulce y refrescante para ellos (Éxodo 15:23–25). Entonces, cuando no tenían comida, se quejaron a Moisés, diciendo: "Ojalá hubiéramos muerto por mano de Jehová en la tierra de Egipto, cuando nos sentábamos a las ollas de carne, cuando comíamos pan hasta saciarnos; pues nos habéis sacado a este desierto para matar de hambre a toda esta multitud" (Éxodo 16:3). Sus diatribas ingratas fueron dirigidas no sólo a Moisés, sino también a Dios. ¿Hizo Dios llover fuego y azufre sobre ellos? ¡No! Hizo llover pan del cielo para darles de comer! ¡Era como si cada nueva murmuración trajera nuevas manifestaciones de la bondad de Dios!

¿Sabes por qué?

Porque todos esos hechos ocurrieron antes de que los Diez Mandamientos fueran dados. Ya ves, antes de que la ley fuera dada, los hijos de Israel vivían bajo la gracia (favor inmerecido). Vivir bajo la gracia significa que todas las bendiciones y provisiones que recibieron dependían de la bondad de Dios y no de su obediencia. El Señor los libró de Egipto, no por su bondad o buena conducta. Los sacó por la sangre del cordero (una imagen de la sangre del Cordero de Dios) que se untó en sus dinteles en la noche de la primera Pascua.

Los hijos de Israel dependían de la fidelidad de Dios al pacto con Abraham, que fue un pacto basado en su gracia (favor inmerecido). Abraham vivió más de 400 años antes de que la ley fuera dada, mucho antes de los Diez Mandamientos. Dios se había relacionado con Abraham basado en la fe de este en su gracia y no en la obediencia de Abraham a la ley. La Palabra de Dios deja claro que Abraham no fue justificado por la ley: "Porque si Abraham fue justificado por las obras, tiene de qué gloriarse, pero no para con Dios. Porque ¿qué dice la Escritura? Creyó Abraham a Dios, y le fue contado por justicia" (Romanos 4:2–3). ¿Cómo se hizo Abraham justo? ¡Le creyó a Dios y le fue contado por justicia!

Cuando los israelitas partieron de Egipto al monte Sinaí, estaban bajo el pacto abrámico de la gracia. Por lo tanto, a pesar de sus pecados, Dios los libró de Egipto y proveyó para ellos de manera sobrenatural, **no basado en la bondad y fidelidad de ellos, sino en su bondad y su fidelidad.** La buena noticia para ti y para mí es la siguiente: Hoy estamos bajo el nuevo pacto de la gracia (favor inmerecido), y el favor inmerecido de Dios está sobre nosotros. Su bendición y su provisión para nosotros se basa enteramente en SU BONDAD y SU FIDELIDAD. ¡Aleluya! ¿No es genial?

Oración de hoy

Padre, te doy gracias por todas las veces que me has bendecido a pesar de mis quejas y mi falta de fe. Me alegra que me bendigas no a causa de mi bondad o fidelidad, sino debido a tu bondad y fidelidad. ¡Yo llamo a este día bendito, fructífero y lleno de tus favores gratuitos porque estoy en tu gracia pura!

Pensamiento de hoy

¡Dios me bendice no por mi bondad y fidelidad, sino por SU bondad y SU fidelidad!

Reflexión de hoy sobre el favor inmerecido

_____

_____

_____

_____

_____

_____

_____

_____

_____

_____

_____

Poder para no pecar más

❖

Escritura de hoy

Ahora, pues, ninguna condenación hay para los
que están en Cristo Jesús. —Romanos 8:1

HOY QUIERO HABLAR de cómo se puede tener una victoriosa vida pensante. Mi amigo, la solución a las tentaciones, los deseos y pensamientos pecaminosos se encuentra en el primer versículo de Romanos 8: "Ahora, pues, ninguna condenación hay para los que están en Cristo Jesús". (Por cierto, algunas traducciones de la Biblia, van a decir "que no andamos según la carne, sino conforme al Espíritu". Eso fue agregado por traductores más tardíos de la Biblia. En los manuscritos más antiguos del Nuevo Testamento disponibles hoy, el griego simplemente dice: "Ahora, pues, ninguna condenación hay para los que están en Cristo Jesús").

Ahora tienes el poder de Cristo para elevarte por
encima de la tentación y descansar en tu justa
identidad en Cristo, aparte de tus obras.

Puedes experimentar tentaciones y pensamientos pecaminosos de vez en cuando, pero justo en medio de ello, debes saber esto: **Ahora**, pues, ninguna condenación hay para los que están en Cristo Jesús. Ten en cuenta que este versículo es en tiempo presente. En este momento, aun si en este mismo momento, los pensamientos pecaminosos están pasando por tu mente, no hay condenación, ya que estás ¡EN CRISTO JESÚS! ¿Hemos de permanecer inmóviles y entretener esos pensamientos pecaminosos? Por supuesto que no.

El pecado no puede echar raíces en una persona que está llena de la conciencia de que es justa en Cristo. No puedes impedir que los pájaros vuelen sobre tu cabeza, pero ciertamente puedes impedirles que construyan un nido en ella. De la misma manera, no puedes impedir que las tentaciones, los pensamientos y los deseos pecaminosos pasen por tu mente pero, desde luego que puedes impedir que esas tentaciones, pensamientos y deseos pecaminosos actúen. ¿Cómo? ¡Confesando en el momento mismo de la tentación que eres justicia de Dios en Cristo Jesús!

El poder de Jesús para vencer toda tentación se activa cuando permaneces consciente de que incluso en el momento de la tentación, ¡Jesús todavía está contigo y que eres justo en Él, aparte de tus obras (Romanos 4:6)! Al hacer eso, rechazas la condenación por la tentación que enfrentaste. Ahora tienes el poder de Cristo para elevarte por encima de la tentación y descansar en tu justa identidad en Cristo, aparte de tus obras. ¡Eso, amado, es la vida vencedora en Cristo!

Oración de hoy

Padre, te doy gracias porque estoy en Cristo Jesús, porque tengo una vida victoriosa. También tengo tu favor inmerecido, porque soy justo en Cristo, que siempre está conmigo. Es tu bondad y tu gracia lo que me va a ayudar a triunfar sobre todos los desafíos de hoy.

Pensamiento de hoy

Decido no ser consciente de pecado, sino del hecho de que soy justo en Cristo.

Reflexión de hoy sobre el favor inmerecido

Libre de hábitos destructivos

❖

Escritura de hoy

Entonces Jesús le dijo: Ni yo te condeno; vete,
y no peques más. —Juan 8:11

HE RECIBIDO MUCHOS testimonios de personas que han sido liberados de hábitos destructivos. Personas sinceras y preciosas que deseaban superar escollos pero no sabían cómo. Sin embargo, una vez que aprendieron acerca de la justicia que viene de Cristo, no de sus obras, comenzaron a confesar que todavía eran justicia de Dios cada vez que se sentían tentados. Y poco a poco, mientras más comenzaron a creer que eran justos en Cristo, y mientras más se negaban a aceptar la condenación por sus errores pasados y por su presente tentación, ¡más fueron liberados de las adicciones mismas que los mantenían atados!

¡Así como Jesús es inmaculado y sin mancha, lo eres tú en Cristo!

Un hermano de los EE. UU., que ha estado escuchando mis mensajes por algún tiempo, escribió para expresarme que había sido adicto a la pornografía y que había llevado una vida de inmoralidad sexual desde que tenía 14 años de edad. A pesar de haber aceptado a Jesús cuando tenía 18, siguió luchando con ese aspecto de su vida. Esto es lo que me escribió:

Como resultado de algunas malas influencias y de mis propias malas decisiones, me convertí en un adicto a la pornografía y comencé a llevar una vida sexual inmoral a la edad de 14 años. Fui salvo cuando tenía 18 años, pero todavía luchaba con ese tipo de pensamientos y algunos viejos malos hábitos. Intenté de todo para liberarme de los pensamientos de inmoralidad y lujuria.

Entonces, escuché el mensaje del pastor Prince, titulado "Las cosas buenas les suceden a los que creen que Dios los ama". Lo escuché una y otra vez, y por primera vez, el amor de Dios se convirtió en una realidad constante para mí. Fui capaz de recibir el amor incondicional de Dios una y otra vez, y eso sanó mi corazón.

¡El amor de Dios me ha liberado! *Muchas gracias por el mensaje que su iglesia envía al mundo. ¡Verdaderamente está cambiando vidas!*

La revelación de que Dios lo ama **incondicionalmente** a pesar de sus fallas e imperfecciones fue lo que ayudó a ese hermano a ser libre de los hábitos que se habían apoderado de él durante muchos años. Amado, Dios no quiere que peques ya que el pecado te destruirá. Pero aunque hayas fallado, debes saber esto: ¡No hay condena, ya que estás EN CRISTO JESÚS y tus pecados son lavados por su sangre! Cuando Dios te mira, no te ve en tus fracasos. Desde el momento en que aceptaste a Jesús como tu Señor y Salvador, ¡Dios te ve **en** Cristo resucitado, sentado a su diestra! Así como es Jesús, inmaculado y sin mancha, ¡así eres tú! Dios envió a su Hijo a morir en la cruz por ti **mientras** todavía eras pecador. Obviamente, Él no te ama sólo si te comportas y piensas de manera correcta. Su amor por ti es incondicional. ¡Recíbelo hoy de nuevo y libérate de todo pecado y adicción!

Oración de hoy

Padre, te doy gracias porque el poder de vencer todos los desafíos de hoy es mío ya que yo soy justo en Cristo. Gracias por las dádivas de justicia y no de condenación. Sé que mis pecados no pueden detener tu gracia, pero tu favor inmerecido trabajando en mi vida me permitirá caminar victorioso en cada situación.

Pensamiento de hoy

Saber y creer que Dios no me condena, incluso cuando he pecado, me da poder para vencer al pecado.

Reflexión de hoy sobre el favor inmerecido

_____

_____

_____

El poder de la sangre de Jesús

Escritura de hoy

En quien tenemos redención por su sangre, el perdón de
pecados según las riquezas de su gracia. —Efesios 1:7

Es PROBABLE QUE preguntes: "Si Dios es omnisciente, ¿cómo es posible que se olvide de todos nuestros pecados?" Bajo el nuevo pacto, Dios puede declarar que no se acordará más de tus pecados, porque ya fueron recordados en el cuerpo de Jesús en la cruz. Mi amigo, hay una cosa que Dios no puede hacer: no puede mentir. Así que, habla **muy en serio** cuando afirma que nunca más se acordará de tus pecados. ¡Nuestra parte en el nuevo pacto con el favor inmerecido de Dios es **creer** que, en verdad, Él no se acuerda más de nuestros pecados!

**Si el enemigo puede hacerte creer la mentira de que no estás
completamente perdonado y te mantiene consciente del pecado,
será capaz de mantenerte derrotado, condenado, temeroso
de Dios y atrapado en un círculo vicioso de fracaso.**

¡Hay poder en la sangre de Jesús para perdonarte de todos tus pecados! Esta verdad es la que el enemigo más teme y es por eso que ataca esta enseñanza sobre el perdón de pecados con tanta vehemencia. Si él puede hacerte creer la mentira de que no estás completamente perdonado y te mantiene consciente del pecado, será capaz de mantenerte derrotado, condenado, temeroso de Dios y atrapado en un círculo vicioso de fracaso.

Los escritos de los gnósticos son malévolos, ya que propagan el engaño de que Jesús era un simple mortal, lo que significa que su sangre no tiene poder para limpiarnos de todos nuestros pecados. ¡Esa es una mentira de la boca del infierno! Jesús es el Hijo de Dios y su sangre es libre de cualquier pecado. Es por eso que el derramamiento de su sangre pura e inocente es capaz de limpiarnos de toda maldad. Su sangre no cubre los pecados temporalmente como la sangre de los toros y las cabras en el antiguo pacto. Su sangre **borra por completo** todos nuestros pecados. ¡Esa es la sangre de Dios mismo, derramada para perdonar todos nuestros pecados! Tenemos que empezar a darnos cuenta de que esto no es una "enseñanza básica". **Es** el evangelio de Jesucristo.

En los últimos tiempos, la gente no va a ser anti-Dios, sino que serán anti-Cristo. El movimiento anticristiano en los últimos tiempos intentará devaluar la deidad de Jesús, la cruz y su poder para perdonar todos nuestros pecados. Por eso, en estos últimos días, necesitamos predicar más acerca de Jesús, su obra terminada y el nuevo pacto de su favor inmerecido. Necesitamos más predicadores del nuevo pacto, centrados en Cristo, que pongan la cruz de Jesús como el centro de toda su predicación. La única forma de evitar que ese engaño se introduzca en la iglesia es enfocarse en la exaltación de la persona de Jesús y el principio central del nuevo pacto, ¡que es el perdón total de las culpas! Este es el evangelio y cuando la verdad del evangelio es predicada, la gente va a ser libre.

No debe haber ninguna concesión en lo que respecta al evangelio de Jesús. El perdón de los pecados se basa en la gracia (favor inmerecido) solamente y tenemos acceso a esa gracia por **fe**. ¡Nuestra parte sólo es creer! Eso es lo que hace del evangelio, las Buenas Nuevas. Te quita la culpa y ya no es solo "evangelio", son "buenas nuevas". Amado, cree que todos tus pecados te son perdonados. Esa es tu parte en el nuevo pacto. Así es como eres establecido en el nuevo pacto de la gracia; experimenta la plenitud de su favor inmerecido.

Oración de hoy

Padre, te doy gracias porque la sangre de Jesús no es como la de los toros y las cabras, que no puede quitar los pecados de forma permanente. Te doy gracias porque tu sangre es eterna y tiene poder para eliminar todos mis pecados — pasados, presentes y futuros— ¡de una vez por todas! Hoy

estoy ante ti totalmente perdonado para siempre. ¡Así como
Jesús es, sin mancha de pecado, soy yo en tu presencia!

Pensamiento de hoy

Dado que la sangre de Jesús me ha limpiado por completo,
espero experimentar hoy la plenitud de su favor inmerecido.

Reflexión de hoy sobre el favor inmerecido

_____

_____

_____

_____

_____

_____

_____

_____

_____

_____

_____

_____

_____

_____

_____

_____

_____

_____

_____

_____

_____

_____

Ven a Jesús tal como eres

❖

Escritura de hoy

Has cambiado mi lamento en baile; desataste mi
cilicio, y me ceñiste de alegría. —Salmo 30:11

MI AMIGO, ERES favorecido y aceptado por Dios hoy debido a su favor inmerecido. Aun cuando tu vida sea un desastre, Él puede tomar tu desorden y convertirlo en algo hermoso. Ven a Él tal como eres.

Hace años, uno de los miembros de mi iglesia dejó de asistir por mucho tiempo. Me reuní con él para saber cómo estaba y para ver si todo andaba bien. Él fue muy sincero conmigo y me dijo que estaba pasando por muchos problemas en su matrimonio y que ahora era adicto al alcohol. Entonces me dijo lo siguiente: "Deje que enderece mi vida y luego volveré a la iglesia".

Eres hecho santo, justo y limpio por la sangre de Jesucristo, y es la justa reputación de Él la que te califica, nada más y nada menos.

Me sonreí y le pregunté: "¿Se limpia usted antes de bañarse?" Me di cuenta por su expresión que le sorprendió mi pregunta, así que le dije: "Venga al Señor **tal como es**. Él es el baño. Él le limpiará. Él ordenará su vida por usted y hará que todas las adicciones pierdan su poder sobre usted. ¡No tiene que utilizar sus propios esfuerzos para limpiarse antes de bañarse!"

Me complace informar que ese precioso hermano pronto regresó a la iglesia y Jesús transformó su vida. Hoy está felizmente casado, bendecido con una hermosa familia y es uno de mis líderes de confianza. Eso es lo que el Señor hace cuando llegas a Él tal como eres y le permites amarte a plenitud. Y hará todas las cosas bellas en tu vida.

Hay mucha gente hoy que es como ese hermano. Quieren enderezar sus vidas por sí mismos antes que ir a Jesús. Están bajo la impresión de que tienen que hacerse santos antes de que puedan entrar en la sacra presencia de Dios. Sienten que están siendo hipócritas si no ordenan sus vidas antes de ir a la iglesia.

Nada más lejos de la verdad. **Nunca** serás capaz de hacerte lo suficientemente santo para tener derecho a las bendiciones de Dios. Tú eres hecho santo, justo y limpio por la sangre de Jesucristo, y es su justa reputación la que te califica, nada más y nada menos. Así que deja de tratar de limpiarte antes de ir al Señor. Ven a Jesús con todo tu desorden, todas tus adicciones, todas tus debilidades y todos tus fracasos. Dios te ama tal como eres. Sin embargo, Él también te ama demasiado como para permitir que te quedes igual. Mi amigo, cuando llegas a Jesús, Él se convierte en tu "baño". Él te lavará, te limpiará y quedarás ¡más blanco que la nieve! ¡Salta al baño hoy y permite que Jesús te haga perfecto, justo y santo a los ojos de Dios!

Oración de hoy

Señor Jesús, tu gracia salva lo peor de nosotros. No importa qué tan desordenada esté mi vida, tú puedes darle la vuelta y hacerla hermosa. Vengo a ti tal como soy hoy, con todos mis defectos y fallas. Te doy gracias porque me has hecho justo con tu sangre y porque me estás lavando con el agua de tu Palabra y amándome a plenitud una vez más. ¡Tu favor inmerecido en mi vida removerá todas las adicciones y enfermedades, cambia mi lamento en alegría y llena mi corazón con tu paz!

Pensamiento de hoy

Nadie se limpia antes de bañarse. Así que voy a Jesús —el baño— tal como soy.

Reflexión de hoy sobre el favor inmerecido

Conquistado por la gracia de Dios

Escritura de hoy

Porque el pecado no se enseñoreará de vosotros; pues no estáis bajo la ley, sino bajo la gracia. —Romanos 6:14

UNA QUERIDA HERMANA de mi iglesia escribió para informarme acerca de cómo el Señor había transformado su vida por completo. Ella frecuentaba discotecas y bares con regularidad, donde solo se escuchaban vulgaridades y se consumían drogas, solo para alejarse de casa y participar en actividades ilegales como robo y tráfico de *software* pirateado.

Es de vital importancia que recibas el don de la no condenación, ya que eso es lo que te dará el poder para vencer tus debilidades, hábitos destructivos y adicciones.

Durante ese tiempo, a menudo lo pasó deprimida e incluso concibió pensamientos suicidas. Llegó a lo más bajo y sintió que todo iba mal en su vida. Apenas podía convencerse a sí misma de que debía continuar viviendo. Fue en ese período que su hermana la trajo a nuestra congregación, New Creation Church, y se vio confrontada por el evangelio de la gracia. Este es su testimonio:

*Me hablaron de la gracia por primera vez y supe que **Dios no desprecia ni condena a los delincuentes como yo**... me sorprendió cuando empecé a ver el cristianismo desde una nueva perspectiva por primera vez.*

Para resumir, al Señor me desafió un día mostrándome su existencia y su amor por mí. En un periodo de dos semanas, fui ganada por completo por Jesús, que aceptó con mucho gusto mi vida. Como siempre digo, el resto es historia.

Me gustaría declarar que fue la GRACIA y no la LEY lo que trajo a una gran pecadora como yo a Dios. Con el tiempo, el Señor me transformó de *delincuente en una señora muy enamorada de Jesús. Mi conducta externa no fue transformada de inmediato ya que todavía empezaba a dar mis primeros pasos como cristiana. Sin embargo, **Dios ha derramado su amor y su gracia en abundancia en mi vida; con el tiempo me ha transformado de adentro hacia fuera**. La gracia no puede producir resultados inmediatos, pero los frutos son seguros y permanentes.*

Justo cuando los miembros de mi familia daban por perdidas sus esperanzas en mí, mi Padre Dios hizo un milagro al transformarme en una nueva persona. Todo el mundo a mi alrededor se maravilló por el cambio al ver las obras de Dios en mi vida. Yo soy un testimonio vivo de la existencia y la gracia de Dios. ¡Aleluya!

¡Alabado sea el Señor!, ¿no es este un testimonio impresionante? Esta hermana fue rescatada en lo más bajo de su vida, porque se dio cuenta de una poderosa verdad: Dios no la desprecia ni la condena. ¡Él la ama y esta revelación de su amor y su gracia (favor inmerecido) cambió su vida por completo!

Amado, es vital que recibas el don de la no condenación, porque eso es lo que te dará el poder para superar tus debilidades, hábitos destructivos y adicciones. Si crees que Dios te condena por tus fracasos, entonces ¿por qué vas a Él en busca de ayuda?

Mira cómo le dio poder Jesús a un pecador para no pecar más. Defendió a la mujer que fue sorprendida en adulterio. Miró tiernamente a los ojos de ella y le preguntó: "Mujer, ¿dónde están los que te acusan? ¿Nadie te ha condenado?" Ella dijo: "Nadie, Señor". Y Jesús le dijo: "Tampoco yo te condeno. Vete y no peques más" (Juan 8:10–11).

Los Diez Mandamientos, en toda su santidad inmaculada, no pueden hacer santos ni pueden poner fin al pecado. El poder de detener el pecado que destruye tu vida viene de recibir el don de la no condenación de Jesucristo. Tu Salvador, que cumplió la ley en tu nombre, te dice: "¿Dónde están los que te condenan? Tampoco yo te condeno. Ahora, vete y no peques más". Esta es la gracia, mi amigo. ¡Este es su favor inmerecido! La ley dice que Dios no te condenará sólo si dejas de pecar. Sin embargo, la gracia dice: "He tomado tu condenación en la cruz. Ahora, vete y no peques más".

Romanos 6:14 dice que "**el pecado no tiene dominio sobre vosotros, pues no estáis bajo la ley sino bajo la gracia [favor inmerecido]**". Si todavía estás luchando con el pecado, es hora de dejar de depender de la ley. Recibe tu favor inmerecido, como el apóstol Pablo. Cuando sabes que Cristo te ha hecho justicia, no por tus obras, y que te ha perfeccionado por su favor inmerecido, Él te da la capacidad para superar todas las tentaciones, hábitos pecaminosos y adicciones.

Ahora, cuando llegues a tu Salvador Jesús, Dios te ha de ver perfecto en su Hijo. Él no te condena por tus errores pasados, presentes y futuros, puesto que todos los errores que vas a cometer en esta vida ya se han clavado en la cruz. Ahora eres libre para no pecar más, experimentando la victoria y el éxito sobre todo pecado y la esclavitud en tu vida.

Oración de hoy

Padre, te doy gracias porque tengo la capacidad para superar todos los hábitos pecaminosos, las tentaciones y las adicciones debido a tu abundante gracia y el don de la no condenación. Gracias por mostrarme que es tu gracia, y no la ley, lo que me transforma de adentro hacia afuera. Sólo por tu favor inmerecido y no por mis esfuerzos soy transformado de gloria en gloria. Recibo tu don de la no condenación hoy y gracias por la victoria sobre todo pecado y esclavitud en mi vida.

Pensamiento de hoy

Saber que Cristo me ha hecho justo, no por mis obras, me da la capacidad para superar todas las tentaciones, hábitos pecaminosos y adicciones.

Reflexión de hoy sobre el favor inmerecido

_____

_____

_____

_____

Continúa en la gracia de Dios

❖

Escritura de hoy

*¿Habiendo comenzado por el Espíritu, ahora vais
a acabar por la carne? —Gálatas 3:3*

¿Cómo fue tu primera impresión con Jesús? ¿Fue a través de la ley o fue su gracia la que tocó tu vida y tu corazón? Todos comenzamos nuestra relación con el Señor porque fuimos afectados por su amor y su gracia. Por tanto, continuemos en ella.

**No empieces con la gracia y termines con la ley. No empieces
con el nuevo pacto, sólo para volver a la antigua alianza.**

Pablo advirtió a los Gálatas con respecto a volverse a la ley después de conocer la gracia. Les dijo: "Estoy maravillado de que os hayáis alejado tan pronto de aquel que os llamó por la gracia [favor inmerecido] de Cristo, para seguir un evangelio diferente, no que haya otro, sino que hay algunos que os perturban y quieren **pervertir el evangelio de Cristo**" (Gálatas 1:6–7). Pablo toma esto muy en serio. Él llama —además del evangelio de la gracia (favor inmerecido de Dios)—, a otro evangelio **perversión**. Intentar ser **justificado** por las obras de los Diez Mandamientos es una perversión del evangelio de Cristo.

Pablo le preguntó directamente a la iglesia de Galacia: "¿Recibisteis el Espíritu por las obras de la ley, o por el oír con fe? ¿Tan necios sois? Habiendo comenzado por el Espíritu, ahora vais a acabar por la carne [esfuerzo propio]?" (Gálatas 3:2–3). Pablo les decía: "Si ustedes creyeron por la gracia, ¿por qué ahora dependen de sus obras? Eso es una tontería. Deben ser constantes en su favor inmerecido". Estas son palabras fuertes de Pablo. No empieces con la gracia y termines con la ley. No empieces con el nuevo pacto, sólo para volver al antiguo. Hay quienes dicen que no son justificados por la ley, pero creen que deben guardarla para santificarse. Mi amigo, tanto la justificación como la santificación vienen sólo por nuestra fe en la obra terminada de Jesús.

Cuando eres establecido en el nuevo pacto de la gracia, experimentas una tremenda sensación de confianza y seguridad en Cristo. Cuando tu confianza yace en su favor inmerecido y no en tu rendimiento, no te sentirás como si estás constantemente entrando y saliendo de su favor y de su aceptación.

Es una lástima que algunos creyentes sin darse cuenta estén de nuevo bajo el antiguo pacto. A veces, sienten que Dios está de su lado, pero en otras ocasiones, sienten que Dios está muy lejos de ellos. A veces, sienten que Dios está satisfecho con ellos, pero en otras ocasiones, sienten que está enojado. Todos esos sentimientos se basan principalmente en su propia evaluación de cómo **ellos** se sienten consigo mismos, y no de como Dios los ve. Puesto que esas evaluaciones no tienen base ni fundamento bíblico en el nuevo pacto, ellos determinan arbitrariamente decidir si son merecedores o no de las bendiciones y del favor de Dios para sus vidas, cuando en realidad, tienen acceso a sus bendiciones todo el tiempo, simplemente por Jesús y su obra terminada en la cruz. Hoy, piensa, habla y actúa a sabiendas de que no se trata de ti ni de tus obras, se trata de Jesús y solamente Él, que te da sus bendiciones.

Oración de hoy

Padre, te doy gracias porque tu gracia me impactó y me cambió para siempre. Ayúdame a seguir en esa gracia, siempre mirando a Jesús y lo que ha hecho por mí. Te doy gracias porque estoy bajo el nuevo pacto, lo que significa que siempre estás a mi lado, y que tu presencia y tus bendiciones son para mi disfrute.

Pensamiento de hoy

*Mi enfoque no será en mí y lo que he hecho,
sino en Jesús y lo que Él ha hecho.*

Reflexión de hoy sobre el favor inmerecido

La gracia de Dios nos transforma

❖

Escritura de hoy

Porque te amo y eres ante mis ojos precioso y
digno de honra. —Isaías 43:4, NVI

¿Estás de acuerdo conmigo en que los cristianos de hoy saben más sobre los Diez Mandamientos que sobre el nuevo pacto del favor inmerecido de Dios? Por lo demás, es como si caminas por Times Square, en la ciudad de Nueva York, y comienzas a entrevistar a la gente al azar, la mayoría probablemente te dirá que han oído hablar de los Diez Mandamientos, pero no saben nada sobre el nuevo pacto de la gracia que vino por Jesucristo. Es más, el mundo identifica al cristianismo con los Diez Mandamientos. ¿No es triste que nos conozca por unas leyes que son obsoletas y no por el favor inmerecido que nos dio Cristo con su muerte?

Cuando captas la revelación de Jesús y en qué manera eres precioso ante sus ojos, tu vida se transforma sobrenaturalmente.

No es de extrañar que estemos perdiendo toda una nueva generación de jóvenes. La ley no tiene ningún recurso ni atractivo alguno, por eso la Biblia llama a la ley obsoleta (Hebreos 8:13). Si seguimos presionando a nuestros jóvenes con los Diez Mandamientos no te sorprendas cuando los rechacen por las formas legalistas del cristianismo. Más importante aun, no te olvides que la fuerza del pecado es la ley. La ley no tiene poder para detener al pecado. Ella no les imparte su preciosa identidad en Cristo, lo cual les dará la fuerza para abstenerse de tener relaciones sexuales antes del matrimonio, impedirles empezar a consumir drogas y evitar que pierdan su identidad sexual. Sólo el sacrificio de Dios en la cruz puede darles su nueva identidad como nueva creación en Cristo Jesús.

Jóvenes, cuando ustedes capten la revelación de Jesús y sepan cuán preciosos son ante Él, sus vidas se transformarán sobrenaturalmente. Dejarán de ser acosados por pensamientos suicidas. Dejarán de querer arriesgarse a "encajar" o a conseguir la atención que se les antoje.

Mujeres, llegarán a valorarse diferente en la medida en que aprendan a verse a sí mismas a través de los valores de Cristo. Se llenarán del perfecto amor de Jesús para aceptarse y no vivir bajo la ilusión de que necesitan entregar sus cuerpos para tener la aceptación y el amor de un chico. ¡Se amarán a sí mismas como Jesús las ama!

Hombres jóvenes, ustedes desarrollarán un autocontrol sobrenatural para lidiar con sus hormonas en ebullición. Lo harán no por su propia fuerza de voluntad, sino a través del poder de Jesús que fluye a través de ustedes. Aprenderán a huir de las pasiones juveniles. Sabrán que ser "lo máximo" significa respetar al sexo opuesto, y no ponerse a sí mismos ni a sus amigas en riesgo de contraer enfermedades de transmisión sexual y tener embarazos no deseados.

Cuando los jóvenes conocen que en Jesús tienen un destino maravilloso establecido para ellos, el deseo de participar en pandillas y en actividades destructivas —como el abuso del alcohol, las drogas y la promiscuidad— se disipará frente al favor inmerecido de Jesús y al amor divino para cada uno de ellos. Sus deseos por las cosas del mundo desaparecerán, de manera sobrenatural, a medida que se sustituyen por anhelar a Jesús. Ese es el poder de la gracia de Dios (favor inmerecido) que nos aceptó incondicionalmente a través de la cruz. Lo que la ley no pudo hacer, ¡Dios lo hizo por nosotros al enviar a su Hijo Jesucristo!

Oración de hoy

Padre, te doy gracias de que soy una nueva criatura en Cristo Jesús. Todos mis pecados han sido perdonados. Ya no los recuerdas porque me ves justificado en Cristo. Te doy gracias porque soy precioso delante de tus ojos, amado profundamente por ti y porque tienes un destino maravilloso para mí!

Pensamiento de hoy

*Soy profundamente amado por Dios, soy precioso
a sus ojos y tengo un destino maravilloso.*

Reflexión de hoy sobre el favor inmerecido

_____
_____
_____
_____
_____
_____
_____
_____
_____
_____
_____
_____
_____
_____
_____
_____
_____
_____
_____
_____
_____
_____
_____
_____
_____
_____
_____

Transformado por la gracia de Dios

❖

Escritura de hoy

...su benignidad te guía al arrepentimiento... —Romanos 2:4

PERMÍTEME CONTARTE UN testimonio de un joven cuya vida ha sido transformado por el favor inmerecido de Dios. Ese joven fumó su primer cigarrillo cuando tenía sólo nueve años de edad. En el momento en que tenía 14 años, ya era un gánster experimentado en el tráfico y consumo de drogas, así como en la venta de películas piratas.

El cristianismo es una relación íntima con un Dios amoroso.

Con el dinero que se ganaba, les daría a los miembros de su pandilla la ropa de lujo, las comidas, e incluso los gastos de transporte para reunirse para las peleas de pandillas. A los 15, se enfrentó con la ley y fue enviado a un reformatorio para jóvenes, donde se dio cuenta de que su vida necesitaba un cambio. Fue entonces cuando Dios entró en escena. Él dijo:

Fue en el reformatorio donde por primera vez encontré a Dios, aunque en ese entonces yo no sabía quién era Él. Uno de mis consejeros, una dama cristiana, oró por mí y por primera vez en mi vida, sentí que no había "alguien" observándome. En ese momento no pensé mucho al respecto pero luego, mi corazón y mi perspectiva de vida empezaron a cambiar.

Comencé a asistir a la iglesia (New Creation Church, NCC) en septiembre de 2005. Un amigo me había invitado a NCC antes, pero me había negado. Sin embargo, un día me quedé dormido en el tren y perdí mi parada. El tren estaba completamente desierto, pero vi una bolsa de plástico a la izquierda en uno de los bancos. Miré su contenido para ver si me podía decir de quién era y me di cuenta de que en su interior había un disco compacto del sermón de ese día de NCC.

*Así que aun cuando no quería asistir a NCC, Dios me envió la iglesia a mí. No fue una casualidad. Fue algo dirigido por Dios. Cuando por curiosidad escuche el mensaje en casa, la presencia de Dios fue muy real. Viví tal intimidad con Dios. Mientras escuchaba las enseñanzas del pastor Prince, sabía que ese era el Dios en el que siempre había creído, ¡un **Dios que me ama, independientemente de lo que soy o lo que haga!***

Las enseñanzas del pastor Prince me liberaron, me han dado una fuerza sobrenatural y pasión para hacer su obra. No siento ninguna servidumbre, sino deseos de comunicarme con Dios, sabiendo que me puede dirigir en cualquier situación.

*El cambio más significativo que he experimentado ha sido mi transformación interna. Yo solía tener muy mal genio, lo cual me condujo a un montón de peleas, porque me irritaba fácilmente. **Ser consciente de su amor por mí** me ha librado de todo eso. Fallé en la escuela secundaria, pero hice lo suficientemente bien en el politécnico para tener derecho a una plaza en una universidad.*

Ese joven es ahora una persona confiada, alegre, con un futuro brillante. Dicta charlas en escuelas y en reformatorios para jóvenes donde comparte su experiencia para motivarlos y alentarlos. Su vida ha sido tan asombrosamente transformada, que incluso una agencia de gobierno ha recurrido a él para hablar a los jóvenes con problemas. Dice que desde que Jesús entró a su vida, ha visto su gracia y favor de manera súper abundante en él. Muchas puertas se han abierto para él y su vida ha sido enriquecida en áreas tales como su trabajo, sus estudios, su familia y sus relaciones. ¡Demos a Cristo toda la gloria!

Eso es lo que nuestros jóvenes necesitan, una revelación del perfecto amor de Jesús por ellos. Hay un mundo perdido y moribundo por ahí. Mi amigo, los Diez Mandamientos **no pueden** ser la única cosa que los jóvenes deben saber o conocer acerca del cristianismo. ¿Cómo pueden dejar de pensar que el cristianismo no es más que leyes, normas y reglamentos de lo que deberían o no estar haciendo? ¿Cómo pueden dejar de imaginar que Dios es alguien que está enojado con ellos y buscando oportunidades para castigarlos? Si los jóvenes en tu comunidad han de venir a Jesús, necesitan saber que el cristianismo es **una relación íntima** con un Dios amoroso. ¡Una vez que sabemos esto, golpearán las puertas de las iglesias todos los domingos para entrar a escuchar predicar de Jesús y su gracia!

Amado, yo deseo que al igual que el joven cuyo testimonio terminaste de leer, sigas al Jesús que muestra cada vez más su amor perfecto por cada uno de nosotros.

Oración de hoy

Padre, te doy gracias porque no me has dado un código de reglas para vivir, sino una relación íntima y amorosa contigo. Quiero saber más y más cada día. Muéstrame más de tu amor hoy para que pueda enfrentar todos los desafíos con confianza y valentía.

Pensamiento de hoy

Es la gracia de Dios la que está transformando mi vida.

Reflexión de hoy sobre el favor inmerecido

_____

_____

_____

_____

_____

_____

_____

_____

_____

_____

_____

_____

_____

DÍA 65

¿El amor de quién es perfecto?

❖

Escritura de hoy

*Porque de tal manera amó Dios al mundo, que ha dado
a su Hijo unigénito, para que todo aquel que en él cree,
no se pierda, mas tenga vida eterna. —Juan 3:16*

Cuando yo era presidente del ministerio de jóvenes, solía predicar mensajes duros y fuertes; les decía a mis muchachos: "¡Tienes que amar a Dios, tienes que amar al Señor con todo tu corazón, con toda tu mente y con toda tu alma!" Todo ese tiempo, cuando le predicaba eso a la gente joven, me preguntaba a mí mismo: "¿Cómo puedo hacer eso?" Me observaría a mí mismo y examinaría mi corazón, mi mente y mi alma — realmente lo que le gusta al Señor, ¿es la perfección? ¿Cómo podía esperar que mis jóvenes amaran al Señor de esa manera cuando yo sabía que había fallado? En ese momento, no había sido todavía establecido en el nuevo pacto de la gracia. Yo no sabía que por predicar de esa manera, estaba poniendo a todos mis jóvenes en la ley, porque la suma total de la ley es amar a Dios con todo tu corazón, toda tu alma, toda tu mente y con todas tus fuerzas (Mateo 22:37–40, Marcos 12:29–30).

**Cuando estás lleno del amor de Dios, cumples con
la ley sin esfuerzo, sin siquiera intentarlo.**

Déjame preguntarte esto: ¿Ha sido alguien capaz de amar al Señor con todo su corazón, su mente y su alma? Nadie. Ni una sola persona ha sido capaz de hacer eso. Dios siempre supo que bajo la ley, nadie podría amarlo a la perfección. Entonces, ¿sabes lo que hizo? La Biblia dice: "Porque de tal manera amó Dios al mundo, que ha dado a su Hijo unigénito…" Me encanta esa pequeña frase "de tal manera". Esa frase habla de la intensidad con que Dios nos ama.

Cuando Dios envió a Jesús, nos estaba diciendo: "Yo sé que no me puedes amar perfectamente, así que mírame ahora. Yo te amo con todo mi corazón, con toda mi alma, toda mi mente y todo mi poder. "Y extendiendo sus brazos murió por nosotros". Eso es lo que la Biblia dice acerca de lo que Jesús hizo en la cruz: "Ciertamente, apenas morirá alguno por un justo; con todo, pudiera ser que alguno osara morir por el bueno. Mas Dios **muestra su amor para con nosotros**, en que siendo aún pecadores, Cristo murió por nosotros. Pues mucho más, estando ya justificados en su sangre, por él seremos salvos de la ira" (Romanos 5:7–9).

Mi amigo, la cruz no es una demostración de nuestro amor perfecto ni de nuestra devoción a Dios. La cruz es la demostración de **su** amor y **su** gracia (favor inmerecido) perfectos para con nosotros, porque era cuando todavía éramos pecadores, Jesús murió por nosotros. Él no murió por ti y por mí, porque nuestro amor por Dios fuera perfecto. Murió por ti y por mí debido a su perfecto amor para con nosotros. Te voy a dar la definición de amor que aparece en la Biblia para que te quede aun más claro: "En esto consiste el amor: **no en que nosotros hayamos amado a Dios**, sino en que él nos amó a nosotros, y envió a su Hijo en propiciación por nuestros pecados" (1 Juan 4:10). Amado, este es el énfasis del nuevo pacto de la gracia (favor inmerecido): su amor por nosotros, no nuestro amor por Él.

Ahora que levantamos una nueva generación de creyentes, hagamos que esta se vea afectada por el favor inmerecido de Dios y que se enorgullezca de su amor por nosotros. Cuando recibimos su amor por nosotros y empezamos a creer que somos amados por Él, vemos el resultado que 1 Juan 4:11 explica: "Amados, si Dios nos ha amado así, debemos también nosotros amarnos unos a otros". Observa que el amor por los demás viene después de experimentar el amor de Dios por nosotros. Esto se debe a una inundación de su amor. No se puede amar a los demás cuando no hemos sido llenos de su amor. Y cuando estás lleno de su amor, cumples con la ley sin mayor esfuerzo, sin siquiera intentarlo, porque la Palabra de Dios dice que: "El amor no hace mal al prójimo; así que el cumplimiento de la ley es el amor" (Romanos 13:10). Entra en ese río ahora. ¡Cambia la calidad de tus relaciones creyendo y considerando el hecho de que eres su amado!

Oración de hoy

Padre, sé que no puedo amarte a la perfección con todo mi corazón, con toda mi alma y con todas mis fuerzas. Así que te doy gracias porque me amas todos los días con todo tu corazón, con toda tu alma y con todas tus fuerzas. Cada vez que veo la cruz, veo TU PERFECTO amor por mí! Lléname con una mayor revelación de tu amor hasta que esté de tal manera que se desborde y pueda tocar y afectar a otros.

Pensamiento de hoy

Amar a los demás es algo natural cuando sé que soy amado por Dios.

Reflexión de hoy sobre el favor inmerecido

_____

_____

_____

_____

_____

_____

_____

_____

_____

_____

_____

_____

_____

_____

_____

¡Eres heredero del mundo!

Escritura de hoy

Cristo nos redimió de la maldición de la ley, hecho por nosotros maldición (porque está escrito: Maldito todo el que es colgado en un madero), para que en Cristo Jesús la bendición de Abraham alcanzase a los gentiles, a fin de que por la fe recibiésemos la promesa del Espíritu. Cristo nos redimió de la maldición de la ley, habiéndose convertido en una maldición. —Gálatas 3:13–14

LAS BENDICIONES DE Dios son parte de nuestra herencia en el nuevo pacto de la gracia, Jesús murió para dárnosla. La Palabra de Dios nos dice que "Cristo nos redimió de la maldición de la ley, hecho maldición por nosotros… que la bendición de Abraham alcanzase a los gentiles en Cristo Jesús, para que recibiéramos la promesa del Espíritu mediante la fe". ¿No es interesante que el Señor sea tan específico en señalar que Cristo se hizo maldición por nosotros en la cruz, para que podamos experimentar y disfrutar de la bendición de Abraham? Él no quiere que experimentemos simplemente cualquier tipo de bendición. Él quiere que experimentemos la bendición de Abraham. Creo que nos corresponde a nosotros, decidir quién recibe "la bendición de Abraham" y quién no.

Cada creyente en Cristo es un heredero. "Heredero" habla de una herencia que es tuya, no por lo que hagas, sino por lo que eres.

La Biblia dice que "si vosotros sois de Cristo, ciertamente linaje de Abraham sois, y herederos según la promesa" (Gálatas 3:29). ¿Eres de Cristo? ¿Perteneces a Jesús? Entonces, eso te hace heredero según la promesa. Cada creyente en Cristo es un heredero. Cada vez que escuches la palabra "heredero", se trata de algo bueno. Se habla de una herencia por la cual no has trabajado, una herencia que es tuya, no por lo que hagas, sino por lo que eres. En este caso, como creyente del nuevo pacto en Jesús, perteneces a Cristo y tienes una herencia comprada por sangre en Él como simiente de Abraham. ¡Ustedes, amados, son los herederos según la promesa!

Ahora, hay muchas promesas en la Biblia, pero ¿cuál fue la que Dios le hizo a Abraham? No puedes reclamar esa promesa si no la conoces. Tenemos que ir a la Palabra (use la Biblia para interpretarla a ella misma) para establecer lo que es la promesa. Y encontramos la respuesta en Romanos 4:13: "Porque no por la ley fue dada a Abraham o a su descendencia **la promesa** de que sería **heredero del mundo**, sino por la justicia de la fe".

La promesa a Abraham y a su descendencia (tú y yo) es que él sería "el heredero del mundo". En el texto original griego, la palabra "mundo" que se usa es *kosmos*. Su significado incluye, "todo el círculo de los bienes terrenos, dotaciones, riquezas, ventajas y placeres".[1] ¡Eso es lo que eres, un heredero a través de la obra terminada de Jesús! En Cristo, eres heredero del mundo, sus bienes, sus dotaciones, sus riquezas, sus ventajas y sus placeres. Esta es la promesa que Dios hizo a Abraham y a su descendencia. No hay nada que explicar. ¡Es tu herencia en Cristo!

Oración de hoy
Padre, te doy gracias porque soy heredero del mundo, porque
soy simiente de Abraham por medio de Cristo. Soy un rico
heredero, no porque haya hecho algo para merecerlo, sino porque
Jesús lo hizo por mí a través de su muerte y resurrección. Jesús
murió para darme esta herencia maravillosa, por lo que no voy
a más razones, pero quiero experimentarla y disfrutarla.
Pensamiento de hoy
¡Soy heredero del mundo por la obra terminada de Jesús!

Reflexión de hoy sobre el favor inmerecido

Bendecido para ser de bendición

❖

Escritura de hoy

*Y haré de ti una nación grande, y te bendeciré, y engrandeceré
tu nombre, y serás bendición. —Génesis 12:2*

¿QUÉ SIGNIFICA SER heredero del mundo? Echemos un vistazo a la vida
de Abraham para ver lo que el Señor hizo por él. La Palabra de Dios nos
dice que Abraham no sólo llegó a ser rico. Se hizo muy rico.

**¡El éxito para nosotros, como creyentes del nuevo pacto,
es creer que Dios es bueno, integralmente exitoso, que
impregna todos los aspectos de nuestras vidas!**

---

*"Bien, pastor Prince, ser heredero del mundo se refiere a la riqueza espi-
ritual".*

Espera, eso no es lo que mi Biblia dice. De acuerdo a Génesis 13:2,
Abraham fue "muy rico en ganado, en plata y en oro". Ahora bien, si las
bendiciones financieras no forman parte de las bendiciones del Señor,
entonces ¿me estás diciendo que el Señor maldijo a Abraham con las
riquezas? Me contenta mucho que Dios defina las riquezas de Abraham
de manera muy específica. Dios debe haber visto una generación de personas que argumentarían que Él está en contra de los que tienen éxito
financiero, por lo que dijo claramente en su Palabra que Abraham era
muy rico en ganado, plata y oro. Abraham no era rico espiritualmente.
Amado, Dios no está en contra de que tengas riquezas, lo que repudia es
que las riquezas te tengan a ti.

El Señor bendijo a Abraham para que pudiera ser una bendición para
otros. Él le dijo a Abraham: "te bendeciré… y serás una bendición". Del
mismo modo, nos bendice financieramente, para que podamos ser de
bendición a otros. No puedes ser de bendición para los que te rodean

—tus seres queridos, la comunidad, la iglesia local y los pobres— si no estás bendecido primeramente por el Señor.

Ahora, ya sabes que las finanzas por sí solas no hacen a una persona exitosa. Hay una gran cantidad de gente "pobre" en el mundo de hoy que tienen mucho dinero. Pueden tener cuentas bancarias con grandes sumas de dinero, pero su corazón está vacío sin la revelación del amor de Jesús. Tú y yo tenemos algo de Jesús que es mucho más superior. ¡El éxito para nosotros, como creyentes del nuevo pacto, es creer que Dios es tan bueno, e integralmente exitoso, que cubre todos los aspectos de nuestras vidas!

Lo que mantiene seguro el éxito financiero es cuando sabes que tus bendiciones vienen por el favor inmerecido de Jesús. Cuando tienes la revelación, ya no debes preocuparse por tener dinero, ya que estarás muy ocupado con el Señor. Sorprendentemente, te darás cuenta de que cuanto más ocupado estás con Jesús, más dinero te llega. Ahora, ¿por qué sucede eso? Simplemente porque cuando buscas primeramente el reino de Dios, y pones a Jesús, su justicia (no tu propia justicia), su alegría y su paz como su primera prioridad, la Palabra de Dios te promete que todas las cosas materiales que necesitas serán añadidas (Mateo 6:33).

El Señor siempre te da dinero con una misión y la prosperidad con un propósito. Te bendice y cuando eres bendecido, puedes ser un vaso para bendecir a otros. El evangelio de la gracia puede ser predicado, las iglesias se pueden construir, las vidas preciosas se pueden tocar, los pecadores pueden nacer de nuevo, los matrimonios se pueden restaurar y los cuerpos físicos pueden ser sanados cuando envías la palabra de Jesús con tu apoyo financiero.

No ames al dinero ni uses a la gente. Utiliza el dinero para amar a la gente. Resuelve en tu corazón, de una vez por todas, que Dios desea que tengas éxito financiero y tengas más que suficiente para bendecir a los demás.

❖

Oración de hoy

Padre, te doy gracias porque tu bendición para mí incluye la prosperidad financiera. Sé que no estás en mi contra porque tenga dinero, pero tú no quieres que el amor al dinero me tenga esclavizado. Te pido que me prosperes económicamente, para que pueda utilizar el dinero para la obra del reino y para bendecir a los necesitados. Mantenme seguro para el éxito financiero. Ayúdame a mantener los ojos en Jesús, siempre ocupado con Él y sus propósitos, y sin olvidar que toda bendición viene por su favor inmerecido.

Pensamiento de hoy

No ames al dinero ni uses a la gente. Utilízalo para amarla.

Reflexión de hoy sobre el favor inmerecido

Tus bendiciones incluyen salud y rejuvenecimiento

Escritura de hoy

El que sacia de bien tu boca de modo que te
rejuvenezcas como el águila. —Salmo 103:5

SER HEREDERO DEL mundo no sólo significa tener prosperidad financiera. Veamos qué otra cosa implica. ¿Qué otras bendiciones recibió Abraham? Sabemos que era un hombre sano y fuerte, y así era Sara, su esposa. Sin embargo, el Señor renovó la juventud de ellos de manera tan dramática que cuando Abraham tenía 100 años y Sara 90, esta concibió a Isaac después de mucho tiempo de esterilidad.

¡Puedes confiar en el Señor para que te rejuvenezca
como lo hizo con Abraham y Sara!

Cuando Dios bendice, sus bendiciones incluyen la fecundidad y la abundante maternidad. Nadie puede discutir que la renovación de la juventud de Abraham y Sara fue simplemente espiritual. Isaac es prueba de que la renovación que experimentaron Abraham y Sara fue física. Como heredero del mundo, el Señor mismo te hará ser fuerte y saludable. No es posible ser heredero del mundo, si estás constantemente cansado, enfermo y encorvado. ¡De ninguna manera, Dios te hará sano y te mantendrá con salud divina en el nombre de Jesús!

Hace algunos años, le pregunté al Señor por qué la Biblia le dice hija de Sara (1 Pedro 3:6) a cada mujer creyente. Hubo muchas otras mujeres de fe en la Biblia como Rut y Ester. Así que, ¿por qué no se habría referido a ellas como hijas de Rut o de Ester? Entonces el Señor me mostró en su Palabra que Sara era la única mujer en la Biblia que fue rejuvenecida en su vejez. Vemos pruebas de ello cuando fue perseguida en dos ocasiones por dos reyes que querían tenerla en sus harenes.

¿Sabes qué edad tenía Sara cuando Faraón, el primero de esos monarcas, la quiso? ¡Tenía cerca de 65 años de edad! Ahora, si eso no es prueba suficiente para ti, ¿sabes cuántos tenía cuando Abimelec, rey de Gerar, la quiso? ¡Tenía unos 90 años! Fíjate, fueron reyes paganos los que la pretendían. Estoy seguro de que no fueron cautivados por su belleza interior o espiritual. Sara debe haber tenido cierta juventud física para que esos reyes la desearan en su vejez. ¿Señoras, tomaron en cuenta esto? El Señor las llama hijas de Sara. ¡Ustedes pueden confiar en Él para que las rejuvenezca como a Sara!

La Palabra de Dios promete renovar tu fuerza y tu juventud. Hay dos pasajes en la Biblia que quiero que leas. El Salmo 103:1–5 dice:

> Bendice, alma mía, a Jehová, y bendiga todo mi ser su santo nombre. Bendice, alma mía, a Jehová, y no olvides ninguno de sus beneficios. Él es quien perdona todas tus iniquidades, el que sana todas tus dolencias; el que rescata del hoyo tu vida, el que te corona de favores y misericordias; el que sacia de bien tu boca de modo **que te rejuvenezcas como el águila**.

Entre tanto Isaías 40:31 promete lo siguiente:

> Pero los que esperan a Jehová tendrán nuevas fuerzas; levantarán alas como las águilas; correrán, y no se cansarán; caminarán, y no se fatigarán.

Como en el caso de Sara, nosotros también podemos experimentar una renovación literal en nuestros cuerpos físicos. Creamos en Dios para que nos rejuvenezca físicamente y para que tengamos un cuerpo joven, además de una mente inteligente y con experiencia. Eso es una combinación poderosa y es el tipo de renovación que Dios quiere darnos.

Mi amigo, Dios quiere que seas fuerte y saludable. Su plan no es que estés enfermo. Las enfermedades, los virus y las epidemias no vienen de Él y, ciertamente, no usa la enfermedad para dar lecciones, así como tú no enfermarías a tus hijos para enseñarles algo. Debes saber que Dios no disciplina con infecciones, accidentes o enfermedades. Estamos del mismo lado que los médicos, dando la misma batalla contra la enfermedad.

Amado, es muy importante que tengas esta doctrina para que puedas creer lo que es correcto. ¿Qué esperanza hay y cómo se puede tener una expectativa de confianza para sanar si se piensa erróneamente que esa condición viene de parte del Señor? Es hora de que dejes de ser engañado por las enseñanzas erróneas. Basta mirar el ministerio de Jesús para ver la voluntad de Dios para ti. Observa los cuatro evangelios. ¿Qué pasaba cada vez que Jesús tenía contacto con una persona enferma? ¡La persona sanaba! Nunca encontrarás a Jesús acercarse a una persona perfectamente sana y diciendo: "Quiero darte una lección de humildad y paciencia. Ahora, recibe esta lepra". ¡De ninguna manera! Sin embargo, esto es básicamente lo que algunas personas afirman acerca de nuestro Señor en la actualidad.

Ahora, ¿qué pasaba cada vez que Jesús veía la falta? Cuando el niño trajo sus cinco panes y sus dos peces a Jesús, ¿se los hizo tragar y le dijo: "Te voy a dar una lección acerca de la pobreza"? ¡Por supuesto que no! Jesús tomó los cinco panes y los dos peces, los multiplicó y alimentó a más de 5,000 personas y sobraron 12 canastas llenas (Juan 6:8–13). Ese es mi Jesús. No alimentaba a las multitudes con la comida suficiente. Los bendecía con alimentos más que suficientes. Él es el Dios de la abundancia y ese es su estilo. Del mismo modo, Jesús quiere bendecirte con abundancia, para que puedas ser una bendición para los demás.

❖

Oración de hoy

Padre, te doy gracias por todas las bendiciones en forma de provisión, salud, fuerza y rejuvenecimiento que puedo experimentar por la obra de Jesús en la cruz. Hoy, cuando te miro puedo esperar en ti, y sé que renovarás mi juventud y mis fuerzas, para que pueda levantar alas como las águilas. Quiero correr y no cansarme, caminar y no desmayar. Concédeme buena salud todos los días de mi vida. Quiero que mi cuerpo te glorifique y disfrutar de todo con lo que me has bendecido y estar en condiciones para cumplir todos tus planes y propósitos conmigo.

Pensamiento de hoy

Lo que Dios hizo por Abraham y a Sara — rejuvenecerlos— ¡puede hacerlo por mí también!

Reflexión de hoy sobre el favor inmerecido

La cercanía a Dios y la protección en el Amado

❖

Escritura de hoy

Habitarás en la tierra de Gosén, y estarás cerca de mí, tú y tus hijos, y los hijos de tus hijos, tus ganados y tus vacas, y todo lo que tienes. Y allí te alimentaré, pues aún quedan cinco años de hambre, para que no perezcas de pobreza tú y tu casa, y todo lo que tienes. —Génesis 45:10–11

En el Antiguo Testamento la historia de José, después de que este se reveló a sus hermanos, señala que él les dijo que regresaran a su padre y le informaran que él dijo: "… ven a mí, no te detengas. Habitarás en la tierra de Gosén, y estarás cerca de mí, tú y tus hijos, y los hijos de tus hijos, tus ganados y tus vacas, y todo lo que tienes. Y allí te alimentaré, pues aún quedan cinco años de hambre, para que no perezcas de pobreza tú y tu casa, y todo lo que tienes" (Génesis 45:9–10). El nombre "Gosén" significa "cerca".[1] "Dios quiere que estés en "Gosén", que es un lugar cercano a Él, no hay otro mejor para estar en el Amado. El corazón amoroso de Dios no se satisface solamente con limpiarte de tus pecados. No, Él quiere algo más. Te quiere en su presencia. Te quiere en el lugar donde pueda prodigarte el generoso amor de su corazón.

Recuerda que —como hijo amado de Dios— estás en el mundo, pero no eres del mundo.

Cuando te acercas a Jesús, mira lo que pasa. José les dice a sus hermanos y también a su padre: "Y allí **te alimentaré**, pues aún quedan cinco años de hambre". Cuando te acercas a tu José celestial, Él proveerá para ti y para los más pequeños. En medio de la hambruna del mundo financiero, en medio del alza del combustible y de los costos de los alimentos, no te desesperes. Acércate a Jesús, porque en "Gosén", en ese lugar de cercanía, Él proveerá para ti y tu familia. Tu Dios proveerá para todas tus necesidades conforme a sus riquezas (no de acuerdo con el saldo de tu cuenta bancaria o la situación económica del mundo) en gloria en Cristo Jesús (Filipenses 4:19).

Eso no es todo, mi amigo. Otra bendición que puedes disfrutar cuando te encuentras en el Amado es la protección divina. En los últimos años, las nuevas cepas de virus mortales han sido objeto de titulares. Pero cualquiera que sea el virus, si se trata de la gripe aviar o la porcina o de alguna otra nueva plaga, puedes apropiarte con seguridad del Salmo 91. Así que declara: "Caerán a mi lado mil, y diez mil a tu diestra; mas a mí no llegará" (Salmo 91:7).

Cuando hubo plagas y pestilencias en todo Egipto porque Faraón se negaba a que el pueblo de Dios saliera, mira lo que Dios dijo acerca de los hijos de Israel: "… yo **apartaré** la tierra de Gosén, en la cual habita mi pueblo, para que ninguna clase de moscas haya en ella, a fin de que sepas que yo soy Jehová en medio de la tierra. Y yo **pondré redención** entre mi pueblo y el tuyo…" (Éxodo 8:22–23). Hay una diferencia entre el pueblo amado de Dios y el pueblo del mundo. Aunque Egipto estaba plagado de nubes de moscas y otras pestes, los hijos de Israel estaban a salvo en la tierra de Gosén, completamente al margen de los problemas.

Así que aun cuando haya cosas malas que sucedan en el mundo de hoy, recuerda que como hijo amado de Dios, estás en el mundo, pero no eres del mundo (Juan 17:11, 16). No hay plaga, ningún mal ni peligro que pueda acercarse a ti ni a tu lugar de residencia, ya que estás seguro en el lugar secreto del Altísimo. Así como los hijos de Israel estaban a salvo y protegidos en Gosén, tú y yo también lo estamos, Dios no llama amados.

Oración de hoy

Padre, te doy gracias por tu protección, por proveerme una familia y porque estoy en Cristo, tu Amado. Te doy las gracias por Jesús y su favor inmerecido, y por hacer una diferencia entre tu pueblo y el pueblo del mundo. Hoy, en mis actividades, no temeré ningún mal, porque soy tu hijo querido y puedo disfrutar de tu protección divina y tu provisión.

Pensamiento de hoy

Soy distinto al resto del mundo: ¡Tengo un Dios que cuida de mí!

Reflexión de hoy sobre el favor inmerecido

_____

_____

_____

_____

_____

_____

_____

_____

_____

_____

_____

_____

_____

_____

_____

_____

_____

_____

_____

_____

_____

_____

El temor te roba tu herencia en Cristo

Escritura de hoy

No temas, porque yo estoy contigo; no desmayes, porque yo
soy tu Dios que te esfuerzo; siempre te ayudaré, siempre te
sustentaré con la diestra de mi justicia. —Isaías 41:10

LEAMOS EL PRIMER capítulo del libro de Josué, el cual relata un punto crítico en la historia de Israel, para ver qué podemos aprender acerca de tener el "buen éxito" que Dios le prometió a Josué. Este fue nombrado como el nuevo líder de Israel después que murió Moisés y tendría que traer al pueblo de Dios a la Tierra Prometida. Aquello era una responsabilidad gigantesca. Cuarenta años antes de eso, los hijos de Israel estuvieron a punto de entrar a esa tierra. Pero como rehusaron creer las promesas de Dios, esa generación pasó 40 años vagando en el desierto.

No tenemos que luchar y esforzarnos para ser
bendecidos. El buen éxito para nosotros hoy es disfrutar
de los frutos y el trabajo de Otro: Jesucristo.

Eso no era la voluntad de Dios con ellos. Dios quería llevarlos a una tierra que estaba **fluyendo** leche y miel. Quería darles una tierra llena de grandes y buenas ciudades que ellos no edificaron, y casas llenas de todo bien que ellos no proveyeron, y cisternas abundantes que ellos no cavaron, viñas y olivares que no plantaron (Deuteronomio 6:10–11). En otras palabras, quería que ellos disfrutaran los frutos y el trabajo de otro: los gigantes que estaban en la tierra.

Amado, *eso* es buen éxito. Esa es la clase de éxito en la que tú disfrutas la abundancia de provisiones en todas las áreas de tu vida. Esa clase de éxito que se caracteriza por el reposo puesto que hoy, la Biblia dice que nuestra tierra prometida es el reposo de Dios (Hebreos 3:11). Estamos disfrutando los frutos y el trabajo de Otro: Jesucristo. Y esa es la clase de éxito que Cristo nos ha dado hoy. No tenemos que luchar ni esforzarnos para ser bendecidos.

¿Que hizo que toda esa generación fuera privada de su herencia prometida? Para responder a esta pregunta, necesitamos hacer otra. ¿Quiénes fueron los líderes de esa generación? El Señor me mostró que Moisés había seguido el consejo de su suegro en cuanto a nombrar "varones de virtud, temerosos de Dios, varones de verdad, que aborrezcan la avaricia; y ponlos sobre el pueblo por jefes de millares, de centenas, de cincuenta y de diez" (Éxodo 18:21) como sus líderes para ayudarlo a gobernar sobre los hijos de Israel.

Los 12 agentes que fueron enviados a espiar a Canaán debían ser escogidos de este grupo de líderes. Eso quiere decir que todos eran varones de virtud, **temerosos de Dios**, varones de verdad, que aborrecían la avaricia. [Dicho sea de paso, cuando Jesús fue tentado por el diablo en el desierto, dijo: "Vete, Satanás, porque escrito está: 'Al Señor tu Dios **adorarás**, y a él sólo servirás'" (Mateo 4:10). Jesús estaba citando a Deuteronomio 6:13, que dice: "A Jehová tu Dios **temerás**, y a él solo servirás…" Y sustituyó la palabra "temor" con "adoración". Así que de acuerdo a Jesús, **el temer a Dios es adorar a Dios**.] Pero a pesar de tener todos esos atributos de liderazgo, **ninguno** de esos espías o líderes nombrados por Moisés entraron a la Tierra Prometida aparte de Josué y Caleb. ¡Ninguno! ¿Por qué?

La respuesta es esta: ¡Les faltaba valentía! Podemos leer parte de esta historia en Números 13:17–14:9. Moisés envió a 12 espías a la Tierra Prometida. Solo Josué y Caleb regresaron con un reporte bueno, diciendo: "La tierra por donde pasamos para reconocerla, es tierra en gran manera buena. Si Jehová se agradare de nosotros, él nos llevará a esta tierra, y nos la entregará; tierra que fluye leche y miel. Por tanto, no seáis rebeldes contra Jehová, ni temáis al pueblo de esta tierra; porque nosotros los comeremos como pan; su amparo se ha apartado de ellos, y con nosotros está Jehová; no los temáis" (Números 14:7–9). Los otros 10 espías dieron un informe negativo, diciendo: "No podremos subir contra aquel pueblo, porque es más fuerte que nosotros… todo el pueblo que vimos en medio de ella son hombres de grande estatura. También vimos allí gigantes… y éramos nosotros, a nuestro parecer, como langostas; y así les parecíamos a ellos" (Números 13:31–33).

¡Todos vieron la misma tierra, los mismos gigantes, pero con un contraste rígido en los reportes que trajeron de vuelta! Josué y Caleb tenían un espíritu diferente (un espíritu de fe, Números 14:24) y se enfocaron en las promesas y la bondad de Dios. Pero el resto se escudaron ante el miedo y solo vieron los gigantes y retos en la tierra. Tenían cualidades de liderazgo buenas, pero todas fueron negadas porque eran **temerosos**. ¡El miedo los paralizo! La nación de Israel solo podía ir tan lejos como sus líderes pudieran llevarla. ¡Porque sus líderes tenían temor, a la generación completa le robaron las promesas de Dios!

Hoy, no importa cuán terrible pueda lucir tu circunstancia, decide enfocarte en la bondad de Dios. Resuelve ver cómo Cristo ha pagado el precio para que disfrutes el favor inmerecido de Dios: paz, protección y provisión en todas las áreas de tu vida. El temor no te paralizará. ¡En cambio, verás su fidelidad y caminarás en todas sus bendiciones!

Oración de hoy

Padre, fortaléceme hoy y sostenme con la diestra de tu justicia. Dame un mayor sentido de tu presencia permanente, para que no tema, sino que pueda enfrentar todos mis retos hoy con audacia y valor, sabiendo que tú eres mi ayuda, mi sabiduría y mi fuerza. Todo lo que necesito hacer es caminar en la victoria que Jesús ya ha ganado por mí.

Pensamiento de hoy

¡No temeré porque el Dios todopoderoso está conmigo!

Reflexión de hoy sobre el favor inmerecido

¡Eres como Jesús!

❖

Escritura de hoy

En esto se ha perfeccionado el amor en nosotros, para que
tengamos confianza en el día del juicio; pues como él es,
así somos nosotros en este mundo. —1 Juan 4:17

Es MARAVILLOSO SABER que Dios no te mide ni te juzga en base a tu rendimiento. Todo lo contrario, Él mira a Jesús y —así como Jesús es—, es
como te ve. Su Palabra declara que "el amor ha sido perfeccionado en
nosotros en esto: que podamos tener audacia en el día de juicio; porque
como Él es, así somos nosotros en este mundo".

¡Como creyentes del nuevo pacto, no tenemos que
temer el día del juicio simplemente porque todos
nuestros pecados han sido completamente juzgados
en la cruz, y como Jesús es, así somos nosotros!

¡Como creyentes del nuevo pacto, no tenemos que temer el día de juicio simplemente porque todos nuestros pecados han sido completamente
juzgados en la cruz, y como Jesús es, así también somos nosotros! Nota
que no dice que "como Jesús era en la tierra, así somos nosotros en este
mundo". Eso hubiera sido suficientemente asombroso ya que durante el
ministerio de Jesús en la tierra, la sanidad, las bendiciones y la abundancia lo seguían dondequiera que iba. Aunque eso no es lo que la Palabra
dice. Lo que dice es: "como Jesús **es**" (nota que uso el tiempo presente).
En otras palabras, como Él es **ahora**, así somos nosotros en este mundo.

¡Qué revelación tan poderosa! Solo considera donde esta Jesús hoy. La
Biblia nos dice:

[Dios] resucitándole [Jesús] de los muertos y **sentándole a su diestra** en los lugares celestiales, sobre todo principado y autoridad y poder y señorío, y sobre todo nombre que se nombra, no sólo en este siglo, sino también en el venidero; y sometió todas las cosas bajo sus pies, y lo dio por cabeza sobre todas las cosas a la iglesia, la cual es su cuerpo, la plenitud de Aquel que todo lo llena en todo.

—Efesios 1:20–23

Jesús está sentado a la diestra del Padre hoy, en una posición de poder y autoridad. Si yo fuera tú, tomaría tiempo para meditar en este pasaje porque la Biblia nos dice que como Jesús es, así somos nosotros ahora, en este mundo. Medita en cómo es Jesús "sobre todo principado y autoridad y poder y señorío, y sobre todo nombre que se nombra", ¡así somos nosotros! Obsérvalo en la Palabra de Dios tú mismo. Mírate como Jesús es, muy por encima de todo principado y poder, muy por encima de toda enfermedad y condición física, muy por encima de todo tipo de miedo, depresión y adicción, y ¡empieza a reinar sobre toda situación negativa en tu vida hoy!

Oración de hoy

Padre, te doy gracias por ponerme en la mejor posición que hay en el universo, en Cristo, a tu diestra en los lugares celestiales. Así que, estoy sobre todo principado y autoridad y poder y señorío, y sobre todo nombre que se nombra, no solo en este siglo, sino también en el venidero. Así como Jesús es saludable, sabio, victorioso y exitoso hoy, ¡soy ahora en este mundo!

Pensamiento de hoy

Estoy sentado con Cristo a la diestra del Padre, muy por encima de todo problema conocido o desconocido.

Reflexión de hoy sobre el favor inmerecido

Confía en Dios, no en el hombre ni en tu esfuerzo propio

❖

Escritura de hoy

Maldito el varón que confía en el hombre, y pone carne por su brazo. —Jeremías 17:5

Hoy quiero enseñarte la diferencia entre un hombre bendecido y uno maldito. La Biblia es extremadamente clara al hablar de cómo puedes ser un hombre maldito y como es una vida maldita. La Palabra de Dios también te enseña el escenario de un hombre bendecido y cómo puedes llegar a serlo.

Comencemos por saber cómo puede uno ser un hombre maldito. Jeremías 17:5, nos indica que cuando el hombre "confía en el hombre" y no en el Señor, se convierte en un hombre maldito. El confiar en el hombre también se refiere a una persona que pone la confianza en sus propias buenas obras y esfuerzos, que afirma ser "hecho por sí mismo", y decide depender de sí mismo y rechazar el favor inmerecido de Dios.

Nunca podremos conseguir el buen éxito que viene de Dios si dependemos de nuestros propios esfuerzos.

El hombre que "pone la fuerza en su carne" también es maldito. Cuando leas la palabra "carne" en tu Biblia, no siempre se refiere a tu cuerpo físico. Tienes que mirar el contexto del versículo. En este caso, "carne" puede ser parafraseado como "esfuerzo propio". En otras palabras, podemos leer el versículo cinco como: "Maldito el hombre que confía en el hombre y hace del **esfuerzo propio** su fuerza".

Mi amigo, hay básicamente dos maneras de vivir esta vida. La primera es que dependamos de, y confiemos totalmente en, el favor inmerecido

del Señor, mientras que la otra es que dependamos de nuestros esfuerzos, luchemos y nos esforcemos por el éxito. Nunca podremos conseguir el buen éxito que viene de Dios si dependemos de nuestros propios
esfuerzos. No importa la manera en que nos esforcemos y luchemos, no
podemos trabajar por nuestra propia justicia ni alcanzar nuestro propio
perdón. Cualquier éxito que podamos lograr es sólo parcial.

Por otra parte, la clase de éxito de Dios es completo, entero y cubre
todas las facetas de nuestras vidas: espíritu, alma y cuerpo. La Palabra de
Dios dice: "La bendición del Señor es la que enriquece, y no añade tristeza con ella" (Proverbios 10:22). Dios nunca nos da el éxito a costa de
nuestro matrimonio, nuestra familia o nuestra salud. Como siempre les
digo a los empresarios de mi iglesia, no usen toda su salud para perseguir
la riqueza, sólo para después gastarla tratando de obtener su salud. ¿Qué
hombre disfruta de una mayor prosperidad? ¿El que tiene una cuenta
bancaria sustancial, pero está tendido con una enfermedad, o el que posiblemente no tenga mucho en su cuenta bancaria, pero está disfrutando
de salud divina?

Mira a tu alrededor. Es evidente que la verdadera prosperidad y el
buen éxito no pueden ser medidos en términos de cuánto dinero tengamos en nuestras cuentas bancarias. Con el favor inmerecido de Dios, el
hombre que posiblemente no tenga mucho en este momento de su vida,
ha de experimentar el buen éxito.

La salud e integridad de tu cuerpo físico son parte de las bendiciones
de Dios. Si estás constantemente bajo un tremendo estrés y tienes ataques de pánico periódicos debido a la naturaleza de tu trabajo, entonces
te animo a que des un paso atrás y busques el consejo del Señor. El estrés
te roba la salud, mientras que el buen éxito del Señor hace que tu juventud sea renovada.

Cuando dependes de tus esfuerzos, puedes luchar por muchos años
y sólo obtener cierto grado de éxito. Pero los caminos de Dios son más
altos. Con un solo momento de su favor, puedes experimentar las bendiciones y la promoción que los años de esfuerzo y lucha nunca podrán
alcanzar.

Observa la vida de José. Él no era más que un humilde prisionero. Sin embargo, a la hora de haberse reunido con Faraón, fue ascendido al cargo más alto en todo el imperio egipcio. Amado, aunque estés deprimido (como estuvo José) en este momento de tu vida, el Señor puede promoverte sobrenaturalmente en un instante si decides poner tus ojos en Él.

Oración de hoy

Padre, no quiere poner mi confianza en el hombre ni en mis propios esfuerzos. Decido ponerla en ti y en tu favor inmerecido. Ayúdame a depender de tu bondad y tu gracia conmigo diariamente, para que pueda experimentar tu buen éxito sin estrés. Te doy gracias ya que en un instante tu favor inmerecido puede hacer que experimente bendiciones y promociones que en años de esfuerzo y lucha no podría alcanzar.

Pensamiento de hoy

Un instante del favor de Dios rinde mucho más que años de trabajo duro y estresante.

Reflexión de hoy sobre el favor inmerecido

_____

_____

_____

_____

_____

_____

_____

_____

_____

_____

El hombre bajo la gracia ve y aprecia las bendiciones de Dios

❖

Escritura de hoy

Maldito el varón que confía en el hombre, y pone carne por su brazo… Será como la retama en el desierto, y no verá cuando viene el bien. —Jeremías 17:5–6

UNA DE LAS cosas más tristes de un hombre que confía en sus fuerzas y esfuerzos propios —"que… pone su fuerza en su carne"— es que no puede ver el bien cuando este se aproxima.

Como pastor, he visto, a lo largo de los años, personas que no ponen su confianza en el Señor cuando se trata de sus matrimonios, finanzas y otras áreas débiles. Están decididos a confiar en sus propios esfuerzos, y tienden a ser bastante arrogantes y a frustrarse con la gente que tienen a su alrededor. Muchas veces, al observar a la gente así, te das cuenta de que no pueden ver las cosas buenas que están debajo de sus narices. No pueden apreciar a sus cónyuges, descuidan a sus hijos e incluso cuando otras bendiciones llegan, **¡las pierden!**

Las personas que viven bajo la gracia realmente pueden disfrutar de las bendiciones que les rodean, porque saben que son inmerecidas.

¿Por qué no pueden ver lo bueno cuando llega? Porque las personas que confían en sus propios esfuerzos **no tienen capacidad** para ver y recibir las bendiciones del Señor. Sólo creen en lo "bueno" que puede provenir de sus propios esfuerzos. Es por eso que están orgullosos. Probablemente te darías cuenta de que tales personas no les dicen "gracias" muy a menudo a la gente a su alrededor. Sienten que tienen derecho y se merecen lo que reciben. Rara vez son agradecidos o apreciativos, y es por eso que no valoran a sus cónyuges; en lugar de verles como una bendición del Señor.

En contraste, las personas que viven bajo la gracia y que confían en el favor inmerecido del Señor están constantemente agradecidas, alabando a Dios y dando gracias a Jesús. Están agradecidos y aprecian a la gente que les rodea.

Cuando todavía estaba soltero, tenía una idea del tipo de esposa que quería, por lo que hice mi petición al Señor. Pero ¿sabes qué? Él respondió en mucho mi oración y me dio a Wendy. Estoy verdaderamente agradecido al Señor por ella y sé que es el favor inmerecido de Jesús. Cuando miro a mi hija Jessica, sé que no merezco una hija tan hermosa, y sin embargo el Señor me dio a esa niña preciosa. Ya ves, amigo mío, yo no hice nada para merecerlo, pero el Señor me bendijo con una familia maravillosa. Cuando vives bajo la gracia, realmente puedes disfrutar de las bendiciones que te rodean, porque sabes que son inmerecidas. Mira la familia, los amigos y otras bendiciones que Dios te ha dado hoy. Mira cómo te ha bendecido con ellos porque te ama. Y si los ves como bendiciones, ellos enriquecerán tu vida (Proverbios 10:22).

Oración de hoy

Padre, te doy gracias porque estoy bajo tu favor inmerecido. Cuando me envíes bendiciones, las veré, las apreciaré y las disfrutaré. Sé que no merezco ninguna bendición de tu parte, pero me bendices de todos modos, porque me amas y por lo que Jesús ha hecho por mí en la cruz. Padre, por todo lo que me has bendecido y me continuarás bendiciendo, te doy las gracias, la alabanza y la gloria.

Pensamiento de hoy

Toda bendición en mi vida ha venido por el favor inmerecido de Dios, ¡cómo no ser agradecido por lo que tengo!

Reflexión de hoy sobre el favor inmerecido

El escenario de un hombre bendecido

❖

Escritura de hoy

*Bendito el varón que confía en Jehová, y cuya confianza es
Jehová. Porque será como el árbol plantado junto a las aguas,
que junto a la corriente echará sus raíces, y no verá cuando viene
el calor, sino que su hoja estará verde; y en el año de sequía
no se fatigará, ni dejará de dar fruto.* —Jeremías 17:7–8

MIREMOS A ALGUNOS de los escenarios que nos relata la Biblia en
Jeremías 17. La Palabra de Dios es maravillosa. En ella, Él nos habla a
través de escenarios verbales e imágenes. Por ejemplo, Jeremías 17:5–6
nos relata un cuadro de un hombre maldito, "un arbusto en el desierto."
¡Qué triste imagen! Una persona que siempre está confiando en sí misma
es como un arbusto seco, que luce viejo, cansado y demacrado.

**El hombre bendecido no se da cuenta del
calor, sino que sigue fuerte y florece.**

Pero gracias a Dios, la Biblia no simplemente terminó con la descripción del hombre maldito. Continúa relatando el hermoso cuadro de un
hombre bendecido: "Bendito el varón que confía en Jehová, y cuya confianza es Jehová. Porque será como el árbol plantado junto a las aguas,
que junto a la corriente echará sus raíces, y no verá cuando viene el calor,
sino que su hoja estará verde; y en el año de sequía no se fatigará, ni dejará de dar fruto." ¡Uao! Ya sé qué hombre prefiero ser. ¡Verdaderamente,
un cuadro vale más que mil palabras! ¡Quiero que te veas como este árbol
plantado junto a corrientes de aguas hoy!

Cuando estuve de vacaciones con Wendy en las impresionantes montañas Rocosas de Canadá, pasamos mucho tiempo vagando y empapán-
donos del esplendor de la creación de nuestro Padre celestial. A medida

que paseábamos por la orilla de un río tranquilo con el que nos topamos, encontramos un árbol majestuoso anclado a la orilla del agua. Su tronco era robusto y fuerte, y sus ramas se extendían hacia fuera formando una cubierta perfecta arriba de ella. En contraste con los otros árboles que estaban más lejos del río, sus hojas eran refrescantemente verdes y exuberantes. Eso se debía a que el árbol era alimentado constantemente por el río.

Al ver aquel árbol impresionante, hermoso, no pude dejar de recordar al hombre bendecido descrito en Jeremías 17, y recuerdo haberme yo mismo: "Soy como este árbol, ¡en el nombre de Jesús!" Cuando dependes y confías en el Señor, también eres como ese árbol. Jesús hará que seas una imagen de fuerza, robustez, vitalidad y buen éxito. Mírate como un hermoso árbol plantado junto a aguas. La Palabra de Dios dice que aun cuando venga el calor, no lo temerás.

¿Notaste una diferencia crucial entre el hombre bendecido y el hombre maldito? Mientras que este último no puede ver lo bueno cuando llega (Jeremías 17:6), el hombre bendecido no temerá aun cuando venga el calor. La versión Reina Valera dice que el hombre bendecido "no verá cuando viene el calor". Esto es asombroso. Significa que el calor le llega incluso al hombre bendecido, pero no se percata de las temporadas calurosas porque sigue siendo fuerte y florece. Será como un árbol cuyas hojas siguen siendo verdes. Si eres como el hombre bendecido, siempre serás verde. Eso significa que disfrutarás salud divina, juventud, vitalidad y dinamismo.

Cuando eres bendecido, tu cuerpo está lleno de vida mientras el Señor renueva tu juventud y tu vigor. Tu salud no te fallará, ni perderás la juventud. No habrá estrés, temor ni ataques de pánico porque el hombre bendecido "no estará ansioso en el año de sequía". Un año de sequía se refiere a una gran hambre y, en nuestro lenguaje moderno, no sería muy diferente al derrumbe de la crisis financiera global, la crisis inmobiliaria, el colapso de los bancos globales, la volatilidad de los mercados de valores y la creciente inflación. Aun cuando pueden ser malas noticias para mundo, el hombre bendecido puede permanecer en reposo y no estar ansioso, porque Dios ha prometido que aun en medio de la crisis, no va a "dejar de dar fruto". Amado, sé bendecido, ese que pone su confianza en el Señor, y eso también te sucederá.

Oración de hoy

Padre, debido a tu amor incondicional y tu gracia conmigo, soy un hombre bendecido; ese que es como un árbol de hojas perennes plantado junto a corrientes de agua. Te doy gracias porque cuando el calor esté encendido, no voy a tener miedo ni ansiedad. Ni siquiera me daré cuenta porque estoy cubierto por tu favor y tu bondad. Ciertamente, Padre, me protegerás, me proveerás, me mantendrás fuerte y sano, y harás que permanezca fructífero.

Pensamiento de hoy

Soy como el árbol plantado junto a corrientes de agua, que lucha, es fuerte y fructífero.

Reflexión de hoy sobre el favor inmerecido

_____

_____

_____

_____

_____

_____

_____

_____

_____

_____

_____

_____

_____

Lugar correcto, tiempo correcto

❖

Escritura de hoy

… ni es de los ligeros la carrera, ni la guerra de los fuertes, ni aun de los sabios el pan, ni de los prudentes las riquezas, ni de los elocuentes el favor; sino que tiempo y ocasión acontecen a todo . —Eclesiastés 9:11

AMADO, NO OLVIDES que "ni es de los ligeros la carrera, ni la guerra de los fuertes… sino que **tiempo y ocasión acontecen a todos**". Dios quiere que tengas el tiempo correcto, su tiempo, y nada se deja al azar puesto que eres hijo de Dios. El Salmo 37:23 afirma: "Por Jehová son ordenados los pasos del hombre". Tú eres ese "hombre" porque eres la justicia de Dios en Cristo.

Depende de Dios para que estés en el lugar correcto a la hora correcta, de modo que te ocurran los acontecimientos correctos.

Ahora, observa la palabra "acontecen". En el texto original hebreo es el vocablo *qarah*, que significa "encuentro, reunirse (sin arreglo previo), intentar estar presente".[1] En pocas palabras, significa "acontecimiento correcto". Mi amigo, puedes depender *de Dios para que estés en el lugar correcto a la hora correcta, de modo que te ocurran los acontecimientos correctos.* Estoy seguro que concuerdas conmigo en que estar en el lugar correcto en el tiempo correcto es una gran bendición. Ciertamente no quisieras estar en el lugar equivocado en el momento equivocado. Eso puede llevar a resultados desastrosos.

Pero aun cuando pienses que estás en el lugar equivocado en el momento equivocado, como cuando te ves atrapado en un atasco de tráfico o cuando se te va el tren, no te agites demasiado. Un retraso puede llegar a ser la protección divina de un accidente más delante. A veces, un retraso de sólo unos segundos puede significar la diferencia entre la vida y la muerte.

En el 2001, un hermano de mi iglesia escribió para informar que la oficina de su hijo estaba en las torres gemelas de Nueva York. En una mañana en particular, el reloj despertador de su hijo no sonó y terminó perdiendo el tren de ida hacia su trabajo, de modo que estaba tarde para llegar allí. Si hubiera llegado a tiempo esa mañana, habría estado en su oficina cuando los aviones se estrellaron contra el edificio durante los devastadores ataques terroristas del 11 de septiembre.

En el 2003, otro hermano de mi iglesia estaba en Yakarta, Indonesia, por un viaje de negocios. Se hospedaba en el Hotel Marriott y se encontraba en el vestíbulo cuando una bomba estalló en las afueras del edificio. La bomba atravesó el vestíbulo y vio un cuerpo volar delante de él mientras la ensordecedora explosión resonaba a su alrededor.

Después de que el polvo se asentó, vio que estaba salpicado de sangre y que había escombros esparcidos por todas partes, pero sorprendentemente, él estaba completamente ileso. En el preciso momento que estalló la bomba él, **casualmente**, caminaba detrás de una columna que lo protegió del impacto de la explosión. Piensa en lo que le habría sucedido si hubiera llegado a esa columna tan solo unos segundos antes o después que estallara la bomba.

No importa cuán tan inteligente seas, que tan grande sea tu cuenta de ahorros o que tan prestigioso sea el nombre de tu familia, no hay manera de que puedas saber de antemano el instante en el cual una bomba explote cerca de ti para ocultarte. Sólo Dios puede ponerte en el lugar correcto en el tiempo correcto. Fue el Señor quien puso a ese hermano detrás de la columna en el momento preciso. Sus pasos literalmente fueron ordenados por el Señor. ¡Toda la gloria sea a Él! ¡Jesús es nuestra verdadera columna de protección!

La fidelidad de Dios al proteger a su amado poniéndolo en el lugar y el tiempo correctos se comprobó aun más recientemente. Otras dos enormes explosiones sacudieron Yakarta, Indonesia, en la mañana del 17 de julio de 2009, y esta vez tanto el Marriott como el Ritz-Carlton fueron blancos de atentados terroristas.

Una señora de nuestra iglesia se encontraba en el vestíbulo del Ritz-Carlton, cuando una de las bombas detonó en el cercano restaurante donde los clientes estaban desayunando. La fuerza de la explosión lanzó fragmentos de vidrio que pasaron volaron sobre ella, arrancándoles la piel a otros invitados que estaban de pie frente a ella. ¡Sorprendentemente, ella salió ilesa por completo!

Ella informó que inicialmente había planeado tomar el desayuno en ese mismo restaurante, en el momento que la bomba explotó. Eso sin duda la habría puesto en el lugar equivocado en el momento equivocado. Si lo hubiera hecho, podría haber sido asesinada por la explosión. Sin embargo, nos dijo que la razón por la cual se le pasó la hora del desayuno esa mañana era que estaba asida de mi *Devocional Destinado a Reinar* disfrutando una de las lecturas y pasando tiempo con el Señor en su habitación del hotel. El "retraso" que experimentó en la lectura de mi libro la mantuvo lejos del restaurante y le salvó la vida. ¡Alabado sea Jesús!

Mi amigo, nada sucede por casualidad; el Señor sabe cómo ponerte en el lugar correcto y el tiempo correcto. Tú puedes depender de Jesús para que te suceda lo correcto. Todo ello viene por su favor inmerecido. En el nuevo pacto de la gracia, la Biblia dice que el Señor mismo escribe sus leyes en tu corazón (Hebreos 8:10). Él puede hablarte y guiarte en todo lo que hagas. Deja que te dirija sobrenaturalmente.

Oración de hoy

Padre, te doy gracias porque mis pasos están ordenados por ti puesto que soy justo en Cristo. Y dado que no hay ningún detalle de mis planes ni de mi vida que escapen de tu atención, puedo confiar en ti para posicionarme en el lugar y el tiempo correctos, a salvo de cualquier peligro y preparado para el éxito. Padre, miro hacia ti y tu favor inmerecido para que me protejas, junto con mi familia, de todo mal y para que hagas nuestro camino próspero.

Pensamiento de hoy

Mis pasos están ordenados por el Señor, puesto que soy justo en Él.

Reflexión de hoy sobre el favor inmerecido

_____

_____

_____

_____

_____

_____

_____

_____

_____

_____

_____

_____

_____

_____

_____

_____

_____

_____

_____

_____

_____

_____

_____

Ora por *Qarah* hoy

❖

Escritura de hoy

*Y dijo: "Oh Jehová, Dios de mi señor Abraham, dame,
te ruego, el tener hoy buen encuentro, y haz misericordia
con mi señor Abraham". —Génesis 24:12*

AMADO, QUIERO MOSTRARTE cómo se puede orar por, y experimentar el, posicionamiento divino de Dios para el buen éxito hoy.

Hay un principio en la interpretación de la Palabra de Dios conocido como "el principio de la primera mención". Cada vez que una palabra se menciona por primera vez en la Biblia, por lo general hay un significado especial y una lección que podemos aprender de ella. Observemos la primera aparición de la palabra qarah.[1] Se encuentra en Génesis 24, cuando Abraham envió a su siervo desconocido[2] a buscar una esposa para Isaac, su hijo.

Necesitamos que el Señor nos de qarah cada día.

El siervo desconocido llegó a un pozo fuera de la ciudad de Nahor en la noche y decidió detenerse allí. Había tantas jóvenes reunidas para sacar agua que no se sabía cuál sería la mujer idónea para Isaac. Así que el siervo pronunció esta oración: "Oh Jehová, Dios de mi señor Abraham, dame, te ruego, el tener hoy **buen encuentro**, y haz misericordia con mi señor Abraham".

La frase "buen encuentro" aquí es la palabra hebrea *qarah*, y esta es la primera vez que aparece en la Biblia. El siervo esencialmente oró: "Dame *qarah* el día de hoy". No hace falta decir que con el *qarah* del Señor, el siervo encontró a una hermosa mujer virtuosa llamada Rebeca, que llegó a ser la novia de Isaac.

Necesitamos que el Señor nos de *qarah* todos los días. Te animo a decir la oración de aquel siervo desconocido. Dile al Señor: "Dame buen encuentro —"*qarah*— el día de hoy", y depende de su favor inmerecido para hacer que estés en el lugar y el tiempo correctos.

Oración de hoy

*Padre, muéstrame la bondad y dame qarah —buen encuentro—
hoy. En cualquier asignación, cita o diligencia a la que tenga que
asistir hoy, te pido que dirijas mis pasos y me coloques en el lugar
y el tiempo correctos, para que pueda lograr todo lo que tengo
que hacer con facilidad y experimentar tu buen encuentro.*

Pensamiento de hoy

*El buen encuentro en mis esfuerzos depende del Señor,
quien me coloca en el lugar y el tiempo correctos.*

Reflexión de hoy sobre el favor inmerecido

_____

_____

_____

_____

_____

_____

_____

_____

_____

_____

_____

_____

_____

Confía en el favor inmerecido de Jesús

Escritura de hoy

Fue, pues, y llegando, espigó en el campo en pos de los segadores; y aconteció que aquella parte del campo era de Booz, el cual era de la familia de Elimelec. —Rut 2:3

Hay en la Biblia una hermosa historia de una mujer moabita llamada Rut. En realidad, Rut tenía todo en su contra. Era una viuda pobre, moabita, una gentil en la nación judía de Israel. Pero aun después de que su esposo murió, permaneció con su suegra Noemí. Ella dejó a su familia para seguir a Noemí de regreso a Belén, e hizo del Dios de Noemí —el Dios de Abraham, Isaac y Jacob— su Dios.

Ten confianza en el favor inmerecido de Jesús y Él hará que seas colocado en el lugar correcto en el tiempo correcto para experimentar el éxito.

Dada su pobreza, Noemí y Rut no podían darse el lujo de comprar grano, por lo que esta tuvo que salir al campo a realizar la servil tarea de espigar lo que los segadores dejaban atrás. Quiero que te des cuenta de que Rut estaba dependiendo del favor del Señor, puesto que le dijo a Noemí: "Te ruego que me dejes ir al campo, y recogeré espigas en pos de aquel a cuyos ojos hallare **gracia**" (Rut 2:2). Rut estaba segura de que Dios le daría favor a pesar de que era extranjera y de no tenía conexiones con nadie en el campo. Ni siquiera sabía de quién era la parte del campo donde podía recoger.

Observa el relato de la Biblia acerca de lo que sucedió después: "Fue, pues, y llegando, espigó en el campo en pos de los segadores; y **aconteció** que aquella parte del campo era de Booz, el cual era de la familia de Elimelec". De todos los puntos en el campo por los que Rut podía haber vagado, su "**acontecimiento**" estaba por llegar en la parte del campo que pertenecía a Booz, que era un hombre de gran riqueza, y **aconteció** que también era pariente de Noemí. "Aconteció" es una palabra que significa "resultar", estar en el lugar correcto. Sin embargo, en el texto hebreo original, la raíz de esta palabra es el vocablo *qarah*.

Cuando Rut confió en el favor inmerecido de Dios, su *qarah* se dio al llegar a la parte del campo que pertenecía a Booz. Para resumir, Booz vio a Rut, se enamoró de ella y se casó con ella. Rut posiblemente estaba en el punto más bajo de su vida antes de conocer a Booz. Todos los factores naturales estaban en contra de ella. Pero debido a que puso su confianza en el Señor, que la colocó en el lugar y el tiempo correctos, su situación dio un giro completo. De hecho, se convirtió en una de las pocas mujeres que se menciona en la genealogía de Jesús en Mateo 1:5, que establece que "Booz engendró a Obed por Rut". Qué honor ser incluido en la genealogía de Jesucristo. ¡Hablando de estar en el lugar correcto y en el tiempo correcto!

Mi amigo, no importa qué circunstancias naturales puedan estar en contra de ti hoy, ten confianza en el favor inmerecido de Jesús y Él te dará lo que yo llamo "el éxito *qarah*". Él hará que seas colocado en el lugar y en el tiempo correctos para experimentar su protección y su éxito en tus relaciones, carrera y finanzas.

Oración de hoy

Padre, gracias por tu favor inmerecido y por bendecirme con momentos qarah. Debido a tu favor, sé que cualquier debilidad, descalificación o falta que pueda tener en lo natural no impedirán que sea puesto en el lugar y el tiempo correctos para disfrutar tus bendiciones. Decido apoyarme en tu favor inmerecido y te pido que me bendigas con acontecimientos correctos hoy. Gracias por tornar las situaciones negativas en mi vida y darme éxito qarah.

Pensamiento de hoy

Confiaré en el favor inmerecido del Señor y experimentaré acontecimientos correctos.

Reflexión de hoy sobre el favor inmerecido

La sabiduría del mundo y la de Dios

❖

Escritura de hoy

*Bienaventurado el varón que no anduvo en
consejo de malos... —Salmo 1:1*

Hoy quiero hablar acerca de cómo puedes confiar en la sabiduría de Dios para tener éxito. La sabiduría del Señor viene por su favor inmerecido. No es algo que puedas estudiar o adquirir con tus esfuerzos. La sabiduría del Señor es algo que el mundo no puede tener. Eso no quiere decir que el mundo no tenga sabiduría. Entra a cualquier librería y encontrarás estantes llenos de libros que contienen las teorías de los expertos y los métodos de toda clase de temas. La mayoría, no obstante, se derivan de la **sabiduría humana**, que sólo fortalece y genera la carne.

**Lo que necesitamos no es más "autoayuda". ¡Lo
que necesitamos es la ayuda del Señor!**

Aunque lo sepan o no, la gente del mundo claman por la verdadera sabiduría del Señor. Sólo observa la constante demanda de libros de autoayuda. Pero lo que necesitamos no es más "autoayuda". ¡Lo que necesitamos es la ayuda del Señor! Lee libros que estén escritos por creyentes llenos del Espíritu y líderes cristianos que te animen a mirar a Jesús y no a ti mismo.

El Salmo 1:1 nos dice esto desde el principio: "Bienaventurado el varón que no anduvo en consejos de malos". Amados, esto significa que *hay* consejo en la sabiduría humana. Pero el hombre que *no* anda conforme a la sabiduría del mundo es el hombre que es bendecido. Al mismo tiempo, si su deleite está en Jesús, y medita en Él de día y de noche, dice el Salmo 1:3 que: "Será como árbol plantado junto a corrientes de aguas, que da su fruto en su tiempo, y su hoja no cae; y todo lo que hace, prosperará".

Mi amigo, decídete a caminar en el consejo de los santos y no en el del mundo, y verás que todo lo que haces prosperará. Dios ha levantado hombres y mujeres que están establecidos en las verdades del nuevo pacto, que te ayudarán a mantener tus ojos en Cristo. En él, hallarás toda la sabiduría referente a la vida. La Biblia nos informa que en Él "están escondidos todos los tesoros de la sabiduría y del conocimiento" (Colosenses 2:2–3) para que triunfes. Mantente mirando a Jesús, acércate a su sabiduría divina y verás la diferencia que hará contigo.

Oración de hoy

Padre, hoy decido andar en el consejo de los santos y no de los impíos. Quiero vivir conforme a tu sabiduría y no a la del mundo. Quiero caminar más y más en tu sabiduría en todas las áreas de mi vida. Ayúdame a mantener mis ojos en Jesús, en quien se esconden todos los tesoros de la sabiduría y el conocimiento. Sé que a medida que medite en Jesús y en su gracia, seré como un árbol plantado junto a corrientes de agua, siempre fructífero y prosperando en todo lo que haga. Gracias también por enviar hombres y mujeres de Dios llenos de tu sabiduría a mi vida para aprender de tus caminos.

Pensamiento de hoy

Si dependo de la sabiduría de Dios, seré bendecido con productividad y buen éxito en todo lo que haga.

Reflexión de hoy sobre el favor inmerecido

La sabiduría de Cristo en acción

❖

Escritura de hoy

Mas por él estáis vosotros en Cristo Jesús, el cual nos ha sido hecho por Dios sabiduría, justificación, santificación y redención. —*1 Corintios 1:30*

AMADO, SI DEPENDES de la sabiduría de Dios para tener éxito, podrás ver que todo lo que hagas prosperará. Simplemente observa cómo fluía la sabiduría divina en el Señor Jesús durante su ministerio terrenal. Por ejemplo, observa lo que pasó cuando los fariseos le llevaron a la mujer que fue sorprendida en adulterio. Los fariseos se le acercaron y citaron la ley, diciendo: "Maestro, esta mujer ha sido sorprendida en el acto mismo del adulterio. Y en la ley nos mandó Moisés apedrear a tales mujeres. Tú, pues, ¿qué dices?" (Juan 8:4–5).

Jesús, que está sentado a la diestra del Padre, nos "ha hecho por Dios sabiduría".

Ellos pensaban que habían logrado atrapar a Jesús, porque si este les decía que la apedrearan, entonces lo acusarían de no mostrar el perdón y la gracia que había estado predicando. Si les decía que no debían apedrearla, entonces los fariseos lo acusarían de violar la ley de Moisés y presentarían un acusación contra Él.

Los fariseos probablemente se enorgullecían de la astuta trampa que habían ideado. Es por eso que se enfrentaron a Jesús en público alrededor del templo. Querían avergonzarlo delante de la multitud que había ido a escuchar sus enseñanzas. Ahora, observa la sabiduría de Jesús para resolver tan delicada situación. Simplemente les dijo: "El que de vosotros esté sin pecado sea el primero en arrojar la piedra contra ella" (Juan 8:7).

¡Qué majestuoso! Ellos se acercaron a Jesús con la ley de Moisés y Jesús les dio la norma perfecta de la ley. Sin inmutarse, simplemente retó al que se considerara perfecto ante la ley para que lanzara la primera piedra. Los que habían llegado a atrapar a Jesús comenzaron a alejarse uno por uno, completamente en silencio. Este mismo Jesús, con toda su sabiduría, es hoy nuestro Cristo; el que ascendió y está sentado a la diestra del Padre, y al que la Biblia dice que es "¡hecho sabiduría por Dios!"

Puedes encontrar muchos de estos relatos de Jesús en los evangelios, donde vemos cómo en todo lo que hace, nuestro Salvador, es todo amoroso. Para Él, nunca es temprano, nunca es tarde. Él siempre está en el lugar correcto y en el tiempo correcto. Siempre está en perfecta paz y nunca tiene prisa. Cuando llegaba el momento de ser tierno, era infinitamente gentil, amable y perdonador, vemos esto en su respuesta a la mujer sorprendida en adulterio (Juan 8:10–11). Cuando llegaba el momento de volcar las mesas de los cambistas, lo hacía con pasión. Nunca lo agotaron los intentos de los fariseos por incomodarlo y siempre fluía con sabiduría divina. Él es el acero y el terciopelo, la mansedumbre y la majestad, perfecta humanidad y deidad. ¡Este es Jesús, y estás **en Él**! Comienza a verte en Cristo, que siempre está fluyendo con sabiduría divina, siempre controlando la situación. La misma sabiduría que fluye en Él fluirá en y a través de ti.

❖

Oración de hoy

Padre, gracias por ponerme en Jesús, que siempre está fluyendo con sabiduría divina. No hay ningún problema que no pueda resolver. Señor Jesús, en el quehacer de mis diversas actividades hoy, te doy gracias porque eres mi sabiduría. Gracias por dirigirme y orientarme a decir y a hacer lo correcto en el momento adecuado. Creo que las cosas que son confusas o difíciles de resolver en lo natural serán resueltas rápidamente, porque tú eres mi sabiduría.

Pensamiento de hoy

Yo estoy en Cristo, que siempre fluye con la sabiduría divina.

Reflexión de hoy sobre el favor inmerecido

_____

_____

_____

_____

_____

_____

_____

_____

_____

_____

_____

_____

_____

_____

_____

_____

_____

_____

_____

_____

_____

_____

_____

_____

_____

Sabiduría ante todo

Escritura de hoy

Sabiduría ante todo; adquiere sabiduría; y sobre todas tus
posesiones adquiere inteligencia. —Proverbios 4:7

CRISTO ES HECHO para nosotros **sabiduría en primer lugar**, a continuación, justicia, santificación y redención (1 Corintios 1:30). ¡La sabiduría es lo primero! A Jesús como nuestra sabiduría se le da importancia. Hay una diferencia entre la sabiduría y el conocimiento. Este envanece (Corintios 8:1), puede convertirte en orgulloso y arrogante. Pero la sabiduría te hace humilde y dócil. Puedes leer mucho y acumular una gran cantidad de conocimientos, pero aun así te faltará la sabiduría. Esta no viene con la edad ni con la experiencia en la vida. La sabiduría no es natural. No importa si eres joven o viejo, experimentado o aprendiz, muy educado o no. La sabiduría viene por el favor inmerecido de Dios.

La promoción y la honra vienen como resultado
de recibir a Jesús como tu sabiduría.

Escucha lo que la Palabra de Dios dice acerca de la importancia de la sabiduría: "Sabiduría ante todo; adquiere sabiduría; y sobre todas tus posesiones adquiere inteligencia. Engrandécela, y ella te engrandecerá; ella te honrará, cuando tú la hayas abrazado. Adorno de gracia [favor inmerecido] dará a tu cabeza; corona de hermosura te entregará" (Proverbios 4:7–9). Ya ves, la promoción y la honra vienen como resultado de recibir a Jesús como tu sabiduría.

Recuerdo que la petición por la cual iba a orar todos los días en los primeros tiempos de nuestra iglesia fue por sabiduría de Dios para que nos guiara en todo lo que hiciéramos. Ese fue mi objetivo. No quería administrar la iglesia con mi sabiduría humana. Yo quería depender de la sabiduría de Jesús. De hecho, fue durante ese tiempo creyendo en esa sabiduría que el Señor me abrió los ojos al evangelio de la gracia.

Cuando mis ojos se abrieron al evangelio del favor inmerecido de Jesús, mi vida cambió y se transformó maravillosamente. De unos pocos cientos de personas —a mediados de los años noventa—, la asistencia a nuestros servicios dominicales creció hasta más de 22.000 personas que van a la fecha. Siempre que se me pide que explique la manera en que creció la iglesia, mi respuesta es simple y sencilla: en su totalidad ha sido por el favor inmerecido de Jesús. Sé que es la gracia y solo la gracia que hizo que la iglesia experimentara un crecimiento tan explosivo.

Antes de que viviera ese crecimiento numérico, el Señor me preguntó si quería hacer algo. A medida que pasaba el tiempo en su presencia y la lectura de su Palabra, un día, me preguntó si quería predicar de Jesús en cada sermón. Para ser sincero, mi primer pensamiento fue que si sólo predicaba de Jesús en cada mensaje, muchas personas dejarían de venir y el tamaño de nuestra iglesia disminuiría. Entonces, el Señor me insistió: "Si las personas dejan de venir, ¿seguirás predicando a Jesús en todos tus mensajes?" Al igual que todos los pastores jóvenes, yo era ambicioso y quería ver crecer la iglesia, pero le dije: "Sí, Señor, aun si la iglesia disminuye, voy a seguir predicando a Jesús".

Yo no sabía que eso era en realidad una prueba del Señor, porque desde el momento en que comencé la predicación de Jesús, revelando su belleza y la perfección de su obra terminada todos los domingos, como iglesia, nunca hemos mirado atrás. No me di cuenta que a lo largo de todos esos años de orar por sabiduría, la sabiduría de Dios me llevaría a la presentación del evangelio de la gracia, el evangelio de la gracia que está adulterada por la ley y las obras del hombre, y que se basa enteramente en la obra terminada de Jesús. Eso es lo que la sabiduría hace. ¡Siempre lleva a la persona a los pies de la cruz de Jesús!

Hoy en día, el mismo evangelio de la gracia que predicamos todos los domingos en nuestra iglesia se está transmitiendo a millones de hogares en todo los Estados Unidos, Europa, Oriente Medio y la región Asia-Pacífico. Empezamos como una pequeña iglesia en Singapur, de la cual nadie había oído hablar, pero el favor inmerecido de Dios nos ha bendecido para convertirnos en un ministerio internacional que está impactando al mundo con la buena noticia de ese favor. No nos ufanamos por ello ya que así es la sabiduría de Jesús, y nuestra gloria es de Él y solo de Él. ¡Amado, permite que su sabiduría te lleve al éxito sobrenatural!

Oración de hoy

Padre, no quiero envanecerme con el conocimiento, pero quiero caminar y hablar en tu sabiduría. Te doy gracias puesto que Jesús, y su Espíritu que vive en mí, ya es mi sabiduría. Hoy, miro a Él por su sabiduría y su comprensión. Te doy gracias porque su sabiduría fluye en mí, dándome ideas, señalando mis dificultades y, lo más importante, mostrándome más de su Persona encantadora y su obra terminada en la cruz.

Pensamiento de hoy

La sabiduría siempre me lleva a la persona de Jesús y su obra terminada en la cruz.

Reflexión de hoy sobre el favor inmerecido

_____

_____

_____

_____

_____

_____

_____

_____

_____

_____

_____

El espíritu de sabiduría

❖

Escritura de hoy

Para que el Dios de nuestro Señor Jesucristo, el Padre de gloria, os dé espíritu de sabiduría y de revelación en el conocimiento de él, alumbrando los ojos de vuestro entendimiento, para que sepáis cuál es la esperanza a que él os ha llamado, y cuáles las riquezas de la gloria de su herencia en los santos, y cuál la supereminente grandeza de su poder para con nosotros los que creemos, según la operación del poder de su fuerza. —Efesios 1:17–19

Si Dios nos dice que la sabiduría es lo principal, entonces nos corresponde conocer y actuar en el "espíritu de sabiduría." Pero ¿sabes lo que es el "espíritu de sabiduría"? Escudriña la oración (arriba) que el apóstol Pablo pronunció por la iglesia en Éfeso para que tuvieran ¡El espíritu de sabiduría y revelación que está en **el conocimiento de Jesús!** ¡Cuánto más conoces a Jesús y tienes una revelación de su favor inmerecido en tu vida, tendrás más del espíritu de sabiduría! Te reto a hacer regularmente esta oración por la sabiduría porque cuando en el conocimiento de Jesús es mayor, seguramente te lleva al buen éxito en todos los aspectos de tu vida.

Cuanto más conocemos a Jesús y tenemos una revelación de su favor inmerecido, más tendrás el espíritu de sabiduría.

Considera que cuando Pablo estaba haciendo esta oración por los creyentes en Éfeso, ya estaban llenos con el Espíritu Santo. Pero Pablo oró para que Dios les diera un espíritu de sabiduría y de revelación en el conocimiento de Jesús. Una cosa es tener el Espíritu Santo dentro de ti, pero otra es dejar que el Espíritu Santo dentro de ti fluya como espíritu de sabiduría y de revelación. Y mientras oras para ser guiado por el espíritu de sabiduría hoy, asegúrate de que tengas al Espíritu Santo guiándote en la sabiduría divina y sin igual de Jesús. Cuando el Espíritu Santo te guía en la sabiduría de Jesús, no hay circunstancia imposible, no hay problema insoluble ni crisis que no pueda ser superada. La sabiduría de Jesús te ayudará a navegar con éxito a través de todas tus pruebas y hará que prevalezcas sobre todos los desafíos.

Oración de hoy

Padre, por favor dame el espíritu de sabiduría y de revelación
para conocer mejor a Jesús. Abre los ojos de mi entendimiento
e ilumíname, para que pueda conocer la esperanza para la
cual me ha llamado, la riqueza de su herencia en los santos y
la excelsa grandeza de su poder para aquellos que creen. Padre,
condúceme en la sabiduría de Cristo en todo lo que haga hoy.

Pensamiento de hoy

La sabiduría de Jesús en mí, me ayuda a prevalecer
sobre todas mis pruebas y desafíos.

Reflexión de hoy sobre el favor inmerecido

_____

_____

_____

_____

_____

_____

_____

_____

_____

El secreto de la sabiduría de Salomón

Escritura de hoy

Da, pues, a tu siervo corazón entendido para juzgar a tu
pueblo, y para discernir entre lo bueno y lo malo; porque ¿quién
podrá gobernar este tu pueblo tan grande? —1 Reyes 3:9

OBSERVEMOS LA VIDA de Salomón. Cuando llegó a ser rey, era sólo un joven de unos 18 años de edad y tenía la prioridad como sucesor de David al trono. Salomón no era muy sabio cuando ascendió al trono, pero era un hombre muy serio. Se fue al monte de Gabaón, donde estaba el tabernáculo de Moisés, para ofrecer mil holocaustos al Señor. En el monte de Gabaón el Señor se le apareció en un sueño y le dijo: "Pídeme lo que quieras que yo te dé" (2 Crónicas 1:7).

Con la sabiduría de Jesús, no sólo serás bendito, también serás capaz de aferrarte a las bendiciones de tu vida.

Piensa en esto por un momento. ¿Qué habrías pedido si hubieras estado en la posición de Salomón? Él no pidió riquezas. Tampoco le pidió que todos los hombres lo honraran. En vez de eso, le dijo: "…dame ahora **sabiduría y ciencia**, para presentarme delante de este pueblo; porque ¿quién podrá gobernar a este tu pueblo tan grande?" (2 Crónicas 1:10).

La Biblia registra que la petición de Salomón "agradó al Señor" (1 Reyes 3:10) y le respondió: "Por cuanto hubo esto en tu corazón, y no pediste riquezas, bienes o gloria, ni la vida de los que te quieren mal, ni pediste muchos días, sino que has pedido para ti sabiduría y ciencia para gobernar a mi pueblo, sobre el cual te he puesto por rey, sabiduría y ciencia te son dadas; y también te daré riquezas, bienes y gloria, como nunca tuvieron los reyes que han sido antes de ti, ni tendrán los que vengan después de ti" (2 Crónicas 1:11–12).

El libro de 1 Reyes nos dice que Salomón le dijo al Señor: "Da, pues, a tu siervo **corazón entendido** para juzgar a tu pueblo, y para discernir entre lo bueno y lo malo; porque ¿quién podrá gobernar este tu pueblo tan grande?" Así que cuando pidió sabiduría y conocimiento, lo que estaba pidiendo era un corazón comprensivo.

Profundicemos más. La palabra "entendimiento" aquí, es el vocablo hebreo *shama*, que significa "escuchar de manera inteligente".[1] En otras palabras, Salomón había pedido un **corazón entendido**, uno que escucha y fluye con la dirección del Espíritu de Dios, que nos dirige a toda verdad (Juan 16:13). Necesitas, por tanto, un corazón entendido para que la sabiduría de Dios fluya a través de ti en todos los aspectos de tu vida.

Creo que la misma petición que agradó al Señor en ese tiempo sigue gustándole hoy. Dios se complace cuando le pedimos a Jesús sabiduría. Pedir sabiduría es ponernos en una posición de confianza y en función de su favor inmerecido. Sólo los humildes pueden pedirle a Jesús sabiduría y un corazón entendido.

Aunque Salomón sólo pidió sabiduría, el Señor le añadió "riqueza y honor". Demasiadas personas están persiguiendo las riquezas y el honor, sin darse cuenta de que vienen a través de la sabiduría de Jesús. Incluso si alguien llegase a ser rico súbitamente, si no tiene la sabiduría de Jesús para utilizarlo, ese dinero será malgastado. Con la sabiduría de Jesús, no sólo serás bendecido, también serás capaz de aferrarte a las bendiciones de tu vida. Jesús te da seguridad para el buen éxito, ese que produce frutos duraderos y obedientes de generación en generación.

Oración de hoy

Padre, te pido lo mismo que el rey Salomón: un corazón entendido. Quiero ser capaz de escuchar tus palabras de vida y comprender tu dirección para mí, de modo que pueda caminar en tu sabiduría. Quiero ser capaz de fluir con tu Espíritu, que me guía a toda verdad. Dirígeme para caminar con tu sabiduría en todas las cosas, para que pueda vivir victoriosamente la vida que me has dado y cumplir con el llamado que tienes para mí.

Pensamiento de hoy

*Tener un corazón entendido me permite conocer
y caminar en la sabiduría de Dios.*

Reflexión de hoy sobre el favor inmerecido

Sabiduría y largura de días

❖

Escritura de hoy

Bienaventurado el hombre que halla la sabiduría, y que obtiene la inteligencia… Largura de días está en su mano derecha; en su izquierda, riquezas y honra. —Proverbios 3:13, 16

LA BIBLIA TIENE promesas cuando se tiene sabiduría "Bienaventurado el hombre que halla la sabiduría… **Largura de días está en su mano derecha**, en su izquierda riquezas y honra". Por desdicha, para el rey Salomón, sólo tenía la mano izquierda de sabiduría, la cual posee riquezas y honor. El Señor le había dicho: "… **si** anduvieres en mis caminos, guardando mis estatutos y mis mandamientos, como anduvo David tu padre, **yo alargaré tus días**" (1 Reyes 3:14).

Por la obra terminada de Jesús en la cruz, las riquezas y la honra, así como la duración de los días, ¡nos pertenecen!

Para Salomón, que estaba bajo el antiguo pacto de la ley, la bendición de la largura de días era una condición que podría recibir sólo si era capaz de guardar la ley perfectamente. Sin embargo, Salomón no lo hizo y no gozó de esa promesa.

Hoy en día, dado que estamos bajo el nuevo pacto de la gracia, Jesús está a la diestra del Padre; Él es nuestra sabiduría. Y cuando tenemos a Jesús, podemos ser bendecidos con las dos manos de la sabiduría a causa de su obra terminada en la cruz. Eso significa que las riquezas y la honra, así como la largura de los días, ¡nos pertenece! ¡Qué extraordinario es el Dios a quien servimos!

Amado, sigue a Jesús para que puedas experimentar la sabiduría en todas las áreas de tu vida. La sabiduría de Dios no se puede tratar de ganar, merecer o estudiar. Viene por su favor inmerecido. Su sabiduría te dará buenos éxitos en tu carrera. Te hará triunfar como estudiante, padre o cónyuge.

Por ejemplo, si estás enfrentando problemas en tu matrimonio, Dios no le "dará un zarpazo" a tu cónyuge y hará que él o ella haga una caminata por la luna y regrese a ti. Lo mismo que alejó a tu cónyuge de ti en primer lugar, sólo lo conducirá a él o a ella a alejarse de nuevo. Lo que necesitas es tener sabiduría para entender tu situación matrimonial.

Si enfrentas crisis en tu negocio, aprende a depender de Dios y de su sabiduría. No hay "problemas de dinero," sólo "problemas ideados". Confía que el Señor te bendecirá con la sabiduría del cielo, la que hace que todo lo que toques en tu área de trabajo prospere. La sabiduría de Dios siempre conduce al avance y al buen éxito.

Oración de hoy

Padre, te doy gracias porque debido a la obra de Jesús terminada en la cruz, he sido bendecido con sabiduría —tanto de la mano izquierda como la de la derecha— riqueza y honra; así que la largura de días me pertenece. Yo sé que quieres bendecirme a mí y a mi familia con buen éxito, y te doy las gracias por hacer que tu sabiduría —que trae este buen éxito— esté a mi disposición a través de tu favor inmerecido.

Pensamiento de hoy

Si confío en el Señor para que me bendiga con sabiduría, la promoción y el buen éxito seguirán.

Reflexión de hoy sobre el favor inmerecido

_____

_____

_____

_____

_____

La sabiduría de Dios te promueve

❖

Escritura de hoy

Y dijo Faraón a José: Pues que Dios te ha hecho saber todo esto, no hay entendido ni sabio como tú. Tú estarás sobre mi casa, y por tu palabra se gobernará todo mi pueblo; solamente en el trono seré yo mayor que tú. —Génesis 41:39–40

En Génesis 39:3–4, vemos cómo cuando Potifar vio que el Señor estaba con José, y que todo lo que tocaba prosperaba, inmediatamente lo promovió y lo puso a cargo de todos los asuntos de su casa. Del mismo modo, cuando Faraón vio que el Espíritu de Dios estaba en José y que no había nadie que fuera tan sabio y tan exigente como él, lo puso a cargo de la totalidad de la nación de Egipto (Génesis 41:38–41).

Si estás atrapado en una situación en la que no sabes qué hacer, es hora de humillarte y pedirle al Señor su sabiduría.

Amigo, quiero que tengas en cuenta esto: José **sabía** que Dios era la fuente de su sabiduría. Y dijo Faraón a José: "Yo he tenido un sueño, y no hay quien lo interprete; mas he oído decir de ti, que oyes sueños para interpretarlos". Respondió José a Faraón, diciendo: "No está en mí; Dios será el que dé respuesta propicia a Faraón" (Génesis 41:15–16). José sabía que su sabiduría era resultado del favor inmerecido del Señor y no tenía ningún crédito por ello. Es evidente que aquí había un hombre que entendía la gracia, y podía confiar en el crecimiento, la promoción y los mejores resultados.

Observa la sabiduría de José en acción. Él no se limitó a interpretar el sueño de Faraón. Sino que pasó a asesorarlo sobre cómo aprovechar los siete años de abundancia a fin de prepararse para los siete años de hambre que se revelaron en su sueño. ¿Te has percatado de cómo el sabio consejo de José llevó a la creación de una posición de influencia para sí mismo? Así es como opera la sabiduría del Señor. Proverbios 18:16 dice: "La dádiva del hombre le ensancha el camino y le lleva delante de los grandes". José sabía que su sabiduría era un don del Señor. Que no se lo había ganado y que fluía del favor inmerecido del Señor hacia él.

Los caminos del Señor son sorprendentes. Vemos el alcance de la promoción de José en Génesis 41. En el lapso de menos de una hora, pasó de ser un preso humilde a ocupar el cargo más alto posible en todo Egipto. Eso, mi amigo, ¡es el favor inmerecido de Dios! Sin presiones, no por esfuerzo propio, sin compromisos ni manipulación, sólo por gracia y esa gracia solamente hizo toda la diferencia en la vida de José.

Recuerda que cuando el Señor está contigo, eres una persona exitosa. Ahora puedes sentirte como si estuvieras en una prisión, atrapado en una situación desesperada, desechado y olvidado como José, pero la historia no ha terminado todavía. La promoción del Señor está cerca. Cualquiera sea situación en la que estés en este momento, no te des por vencido.

Si estás atrapado en una circunstancia en la que no sabes qué hacer, es hora de humillarte y pedir al Señor sabiduría. La Biblia dice: "Y si alguno de vosotros tiene falta de sabiduría, pídala a Dios, el cual da a todos abundantemente y sin reproche, y le será dada" (Santiago 1:5). Pedir al Señor sabiduría es decirle: "Señor, no puedo, pero tú sí. Me doy por vencido en cuanto a mi propio esfuerzo y dependo enteramente de tu favor inmerecido y tu sabiduría". A medida que recibas su sabiduría, te vendrán la riqueza y la honra, así como la largura de vida. ¡Corre a Él en este momento!

❖

Oración de hoy

Padre, reconozco que toda la sabiduría de Dios que tengo hoy es resultado de tu favor inmerecido. Te doy gracias porque si necesito más sabiduría, todo lo que tengo que hacer es pedirla y tú, con mucho gusto, me la darás. Y debido a que estás dispuesto a darme más sabiduría, no tendré que esforzarme, luchar ni estresarme para salir adelante en la vida. Sólo una gota de tu sabiduría y tu favor pueden hacer que sea promovido a una posición de influencia y poder.

Pensamiento de hoy

Si necesito sabiduría, sólo tengo que pedirla a Dios,
¡Él da abundantemente y sin reproche!

Reflexión de hoy sobre el favor inmerecido

_____

_____

_____

_____

_____

_____

_____

_____

_____

_____

_____

_____

_____

_____

_____

_____

_____

_____

_____

_____

La sabiduría te hace valorizar la presencia de Jesús

❖

Escritura de hoy

Cuando Salomón despertó, vio que era sueño; y vino a Jerusalén, y se presentó delante del arca del pacto de Jehová, y sacrificó holocaustos y ofreció sacrificios de paz, e hizo también banquete a todos sus siervos. —1 Reyes 3:15

OBSERVEMOS LO QUE el rey Salomón hizo después de haber recibido la sabiduría de Dios en un sueño. David había instituido la alabanza en el monte Sion, no en el monte Gabaón. Lo que quedó en el tabernáculo de Moisés en el monte Gabaón fue meramente objetos físicos, estructura y forma. Tenía el candelero, la mesa de los panes y el altar del incienso. Pero faltaba el mueble más importante del tabernáculo, el arca del pacto, que tenía la presencia de Dios.

Cuando recibes la sabiduría de Dios, vas a querer recibir aun más de la Palabra de Dios y de la presencia de Jesús.

El rey David tuvo una revelación especial del arca del pacto, por lo que la trajo de regreso a Jerusalén y la puso en el monte Sion. Vemos que por alguna razón, Salomón estaba en una tradición antes de haber recibido la sabiduría. Aunque fue sincero en la búsqueda del Señor en el monte Gabaón, la presencia del Señor realmente estaba en el monte Sión. El tabernáculo de Moisés sólo tenía la forma, pero la sustancia de la presencia del Señor estaba con el arca del pacto en Jerusalén. Pero observa lo siguiente: Una vez que Salomón recibió la sabiduría del Señor, lo **primero** que hizo cuando se despertó fue ir a Jerusalén, donde se "presentó delante del arca del pacto del Jehová, y sacrificó holocaustos, ofreció sacrificios de paz, e hizo banquete a todos sus siervos".

¿Cómo puedes saber si alguien ha recibido sabiduría del Señor? Lo primero que hará es valorar la presencia de Jesús. Una vez que Salomón fue inundado con la sabiduría de Dios, salió de la estructura formal en el tabernáculo de Moisés y se fue a buscar la presencia del Señor en Jerusalén. Después de recibir sabiduría y un corazón entendido, valoró y atesoró la presencia del Señor. De la misma manera, cuando recibes la sabiduría de Dios, no te alejarás de la iglesia. Antes al contrario, hará que desees recibir aun más de la Palabra de Dios y de su presencia.

"Pastor Prince, ¿qué es tan significativo sobre el arca del pacto?"

El arca del pacto es una imagen de Jesús. Está hecho de madera, que habla de la humanidad de Jesús (Isaías 55:12, Marcos 8:24), y está cubierto de oro, que habla de la divinidad de Jesús (Isaías 2:20; Cantar de los Cantares 5:11, 14–15). Jesús es cien por ciento hombre y cien por ciento Dios. En el arca hay tres artículos: Las tablas de piedra con los Diez Mandamientos; la vara de Aarón, la cual había reverdecido, y una vasija de oro con maná. Estos artículos representan el fracaso del hombre y la rebelión contra la ley perfecta de Dios, su liderazgo designado y su provisión, respectivamente.[1]

Ahora, observa la voluntad de Dios para su pueblo. Él dio instrucciones de que esos símbolos de la rebelión del hombre fueran colocados dentro del arca y cubiertos con el asiento de la misericordia. Este asiento es donde el sumo sacerdote rociaba la sangre de la ofrenda para cubrir todas las fallas y la rebelión de los hijos de Israel.

El arca del pacto es meramente una sombra. Hoy tenemos la sustancia de la obra terminada de Jesús en la cruz, donde la sangre del propio Hijo de Dios, no la sangre inferior de toros y cabras, fue derramada para borrar **todos** nuestros pecados, fracasos y rebeliones de **una vez por todas**.

No es de extrañar que en las batallas en las que los hijos de Israel **apreciaban el valor** del arca, salieran victoriosos. De la misma manera hoy es una indicación clara de la sabiduría de Dios sobre tu vida cuando valoras y aprecias la persona de Jesús y lo que hizo por ti en la cruz. Y dado que

---

1 *Prince, Joseph. (2007). Destined To Reign. Singapore: 22 Media Pte Ltd. pp. 208–209.*

la verdadera arca del pacto está contigo todo el tiempo, no puedes dejar de ser triunfante, exitoso y victorioso en cualquier batalla que te encuentres. Salomón se dio cuenta de eso e inmediatamente buscó la presencia del Señor, después que se despertó de su sueño. Mi amigo, ve tras la presencia de Jesús en tu vida. Hoy, Él es tu sabiduría y tu victoria sobre todas las batallas.

Oración de hoy

Padre, tu Palabra declara que Jesús nunca me dejará ni me desamparará. Por lo tanto, ahora mismo, Jesús, reconozco y te agradezco por tu presencia permanente. Y así como los israelitas siempre fueron victoriosos en las batallas cuando tu presencia estaba con ellos, espero ver la victoria hoy en cualquier reto que pueda enfrentar, porque tú estás conmigo. Gracias, Jesús, por darme sabiduría, victoria, éxito duradero y paz.

Pensamiento de hoy

Cuando prosigo y aprecio la presencia de Jesús, no puedo dejar de ser triunfante, exitoso y victorioso en cualquier batalla.

Reflexión de hoy sobre el favor inmerecido

_____

_____

_____

_____

_____

_____

_____

_____

_____

Haz de Jesús tu prioridad y veras las bendiciones añadirse

❖

Escritura de hoy

No os afanéis, pues, diciendo: "¿Qué comeremos?" o "¿qué beberemos?" o "¿qué vestiremos?"… pero vuestro Padre celestial sabe que tenéis necesidad de todas estas cosas. Mas buscad primeramente el reino de Dios y su justicia, y todas estas cosas os serán añadidas. —Mateo 6:31–33

CUANDO ME REFIERO a no preocuparnos y mantener nuestros ojos en Jesús, algunas personas piensan que no soy muy práctico. Amado, puedes preocuparte todo lo que quieras con tu crisis actual, pero eso no implica que vaya a mejorar o a cambiar tu situación ni un ápice. Por favor, entiende que no ignoro lo que estás pasando. Sólo te estoy ofreciendo la mejor solución que sé que funciona. Tu progreso no vendrá como resultado de tu lucha. Vendrá cuando descanses en la persona de Jesús y en su obra concluida.

¡El Señor nos colma de beneficios diariamente!

Jesús dijo: "No os afanéis por vuestra vida, qué habéis de comer o qué habéis de beber; ni por vuestro cuerpo, qué habéis de vestir" (Mateo 6:25). Ahora, Jesús no estaba diciendo que estas cosas —comida, bebida y vestidura— no son importantes. De hecho, afirma que "vuestro Padre celestial sabe que tenéis necesidad de todas estas cosas". Pero lo que Jesús quiere que hagamos es que "busquemos primeramente el reino de Dios y su justicia", y promete que "todas estas cosas te serán añadidas".

Ahora bien, ¿quién es la justicia de Dios? Jesucristo. ¿Y quién es el rey del "reino de Dios" que debemos buscar? Jesucristo (Apocalipsis 19:16). Jesús realmente se estaba refiriendo a sí mismo cuando predicaba eso. Cuando lo buscas primeramente en tu vida y lo haces tu prioridad cada día, todas esas provisiones materiales —lo que vas a comer, beber y vestir—, te serán añadidas. Dios no se deleita en quitarte cosas. Disfruta en añadírtelas, incrementártelas, promoverte y enriquecerte. El Salmo 68:19 declara: "Bendito el Señor; **cada día** nos colma de beneficios…" El Señor nos colma de beneficios diariamente. Así de bueno es nuestro Salvador. Sus misericordias y su favor inmerecido son nuevos cada mañana. Esa es la manera de vivir y disfrutar la vida, sabiendo que Jesús *está contigo y por ti* cada paso del camino.

Pon a Jesús primero en todo lo que hagas. Hónralo y dale preeminencia en tu vida cotidiana. Participa de su obra concluida diariamente a través de la lectura de sus palabras, que están vivas para ti. Ejercítate en la presencia de Jesús y sé consciente de que está contigo, de la misma manera que José —en la Biblia— estaba consciente de que el Señor estaba con él. Jesús bendecirá las obras de tus manos, y todo lo que toques verdaderamente prosperará y traerá buen éxito a tu vida.

Oración de hoy

*Padre, te doy gracias porque estás muy consciente de todas las
cosas que necesito en esta vida, y porque deseas AÑADIRME estas
cosas, no quitármelas. Por lo tanto, ayúdame, a no preocuparme
ni enfocarme sólo en recibirlas, ayúdame a hacer de mi búsqueda
de Cristo y su justicia mi primera prioridad cada día. Señor Jesús,
quiero ponerte primero en todo lo que haga. Sé que cuando te doy
el primer lugar en mi vida, todo lo demás encaja en su lugar.*

Pensamiento de hoy

*Cuando ponga a Jesús primero en todo lo que
haga, lo que yo toque prosperará.*

Reflexión de hoy sobre el favor inmerecido

DÍA 87

Hay que hacer lo único que es necesario

❖

Escritura de hoy

Respondiendo Jesús, le dijo: "Marta, Marta, afanada
y turbada estás con muchas cosas. Pero sólo una cosa
es necesaria; y María ha escogido la buena parte, la
cual no le será quitada". —Lucas 10:41–42

¿Es práctico estar ocupado con Jesús? ¿Te ayuda? ¿Pone alimento
sobre la mesa? ¿Prosperan tus finanzas? ¿Hace que tu cuerpo físico esté
saludable? Sabemos lo que eso hizo por Pedro: caminó sobre el agua.
Ahora, observemos lo que hizo por María. Puedes encontrar la historia
de María y su hermana, Marta, en Lucas 10:38–42.

**Lo único que es necesario es que te sientes a los pies de
Jesús y mantengas tus ojos, oídos y voluntad en Él.**

María estaba sentada a los pies de Jesús cuando este fue a visitarlas.
Marta, la hermana mayor, estaba ocupada trabajando en la cocina, asegurándose de que todo estuviera en orden y que hubiese suficiente comida
y bebida para su invitado. ¿Con quién estaba Marta ocupada y sirviéndo-
le? Con Jesús. Y mientras Marta estaba corriendo frenéticamente dentro
y fuera de la cocina, ¿qué estaba haciendo María, su hermana menor? En
medio de todo el ajetreo y la actividad, María estaba sentada a los pies de
Jesús, contemplando su belleza, su gloria y apoderándose de cada palabra
que salía de sus labios. Mientras María descansaba y sacaba agua viva de
Jesús, su hermana Marta estaba inquieta, frenética y estresada por servir-
le. Una hermana estaba enfocada en servir, mientras que la otra se enfo-
caba en recibir.

Mira lo que pasó después de un tiempo. El estrés de Marta por servir finalmente la llevó a este arrebato de frustración: "Señor, ¿no te da

cuidado que mi hermana me deje servir sola? Dile, pues, que me ayude" (Lucas 10:40). En un momento de ira, ella culpó a dos personas: Al Señor Jesús, así como a su hermana María. Ahora, escucha con cuidado la respuesta de Jesús, y posiblemente puedas identificarte con la descripción del Señor acerca de Marta: "Marta, Marta, afanada y turbada estás con muchas cosas. Pero sólo una cosa es necesaria; y María ha escogido la buena parte, la cual no le será quitada".

Es una respuesta maravillosa. En la cultura oriental, lo correcto era que María estuviera en la cocina preparando la comida y sirviendo a su invitado. Ahora bien, habría sido una vergüenza que María se sentara a los pies de Jesús y no ayudara a Marta si Jesús era un invitado común. Pero Jesús no lo era y María lo sabía. Él era Dios encarnado y la mejor manera que puedes ministrarle a Dios cuando Él está en tu casa es sentarte a sus pies y recibir de Él. Eso es lo que deleita a nuestro Señor.

Cuando te allegas a Jesús para sacar todo lo que puedas de Él, a Él le complace. Por eso estaba satisfecho con María. Por eso fue que defendió la acción de ella, diciendo: "…sólo una cosa es necesaria; y María ha escogido la buena parte…" ¿Cual es la "única cosa" que es necesaria? ¿Ocuparte sirviendo al Señor? ¿Preocuparte por muchas cosas? No, lo único que es necesario es que te sientes a los pies de Jesús y mantengas tus ojos, oídos y voluntad en Él. Una hermana vio a Jesús en lo natural, necesitando su ministerio. La otra lo vio como Dios velado en la carne para obtener de su plenitud. ¿Cuál hermana crees tú que agradó a Jesús y lo hizo sentir como el Dios que Él es? María. Marta, obviamente, olvidó que ese Dios-Hombre multiplica panes y peces para alimentar a una multitud. **¡Él no vino para ser alimentado, sino para alimentar!**

Por desdicha, a veces, lo más difícil para nosotros es sentarnos. Lo más difícil que podemos hacer es detener nuestros propios esfuerzos y descansar únicamente en el favor inmerecido de Cristo. Pero en la mayoría de los casos, somos como Marta, nos preocupamos, nos ocupamos y nos turbamos por muchas cosas. Todo ello puede ser legítimo. En el caso de Marta, ella estaba haciendo su mejor esfuerzo por servir al Señor. Terminó haciendo muchas cosas ese día, pero se perdió lo único que realmente era necesario.

Los creyentes que hacen lo único que es necesario no se preocupan por ninguna otra cosa. Por otro lado, los creyentes que no hacen lo **único**, terminan preocupados por **muchas** cosas. ¿Crees en verdad, que sola una cosa te es necesaria: descansar a los pies de Jesús y recibir de Él?

Ahora bien, ¿es práctico sólo ocuparte con Jesús? Por supuesto. Encontramos más adelante, en el Evangelio de Juan, que María tomó una libra de perfume de nardo puro, de mucho precio, y ungió los pies de Jesús, y además los enjugó con sus cabellos a fin de prepararlo para su sepultura (Juan 12:3–8). En la mañana de la resurrección, algunas mujeres llegaron con ungüento para ungir el cuerpo de Jesús, pero ya era demasiado tarde. Ellas estaban haciendo lo correcto, pero en el momento equivocado. El Señor ya había resucitado. Pero María hizo lo correcto en el tiempo correcto. Eso nos muestra que cuando haces lo único que es necesario, terminas haciendo lo correcto en el tiempo correcto, y Dios hará que todo lo que toques sea increíblemente bendecido.

Así como María, opta por enfocarte en la belleza, la gloria y el amor de Jesús. Decide no preocuparte por muchas cosas u ocuparte constantemente contigo mismo. Al igual que Pedro, aléjate de la tormenta y mira a Jesús, y comenzarás a caminar sobre la tormenta. Amado, decide enfocarte en el Señor y descansa en su obra terminada. ¡Eres tal cual Jesús en este mundo!

Oración de hoy

Señor Jesús, aunque tengo muchas cosas que hacer hoy, decido sentarme a tus pies y recibir de ti. Ministra tus palabras de vida en mí. Quiero recibir y beber de ti. Te agradezco porque cuando paso el tiempo a tus pies, sé que me pondrás en el lugar correcto y en el tiempo correcto y harás que prospere y disfrute de buen éxito.

Pensamiento de hoy

Si hago lo único que es necesario, terminaré haciendo lo correcto en el tiempo correcto.

Reflexión de hoy sobre el favor inmerecido

Se justo y experimenta cada bendición

❖

Escritura de hoy

"Ninguna arma forjada contra ti prosperará, y condenarás
toda lengua que se levante contra ti en juicio. Esta
es la herencia de los siervos de Jehová, y su salvación
de mí vendrá", dijo Jehová. —Isaías 54:17

¿Has notado cómo es la primera parte de Isaías 54:17: "Ninguna
arma forjada contra ti prosperará"? Ahora bien, ¿quieres saber el secreto para liberar esa promesa de protección y caminar completamente en
tu herencia en Cristo? Curiosamente, este versículo rara vez se cita en
su totalidad: "'Ninguna arma forjada contra ti prosperará, y condenarás
toda lengua que se levante contra ti en juicio. Esta es la herencia de los
siervos de Jehová, y **su salvación de mí vendrá**', dijo Jehová". Como ves,
amado, cuando estás consciente de que tu justicia viene del Señor ninguna arma forjada contra ti prosperará, y toda lengua de acusación, juicio y
condenación que se levante en contra tuya fracasará.

Dios quiere que utilices tu fe para creer que, aun
cuando hayas fracasado, Él es un Dios que justifica
al impío y lo hace justo. Esto es gracia.

Para muchos de nosotros, es fácil confesar que somos justos cuando
todo va bien. Pero vamos a hablar de los tiempos cuando te enfrentas a
una crisis en el hogar o en el trabajo, cuando cometes un error, cuando te
enfermas, cuando eres tentado o cuando estás deprimido. Ahí es cuando
el diablo, que es el "acusador de nuestros hermanos" (Apocalipsis 12:10),
vendrá en tu contra y gritará pensamientos acusatorios de condenación
a tus oídos: "¿Te llamas cristiano? ¿Crees que Dios escuchará tu oración
esta vez?"

Mi amigo, **ese** es el momento de comenzar a confesar tu justicia, y ninguna arma forjada en tu contra prosperará. Es más, tendrás que caminar en todas tus herencias en Cristo, incluida la bendición de Abraham. El acusador quiere que te enfoques en tu desempeño, pero si entras en el ámbito de la ley, vana resulta la fe y anulada la promesa (Romanos 4:14). Sin embargo, si mantienes tu creencia y tu confesión de que eres justo en Cristo, la promesa a Abraham y todas las bendiciones en cuanto a heredar al mundo, serán liberadas en todos los aspectos de tu vida.

El acusador es muy sutil. Él no tiene problema con que uses tu fe para otras cosas, como un coche nuevo o una promoción, siempre y cuando no la utilices para lo más importante: creer que eres justo por la fe en Cristo. Una vez enfoques y canalices toda tu fe en esa dirección, no sólo el acusador pierde su poder sobre ti, todas las bendiciones que deseas también te serán añadidas. Como promete la Palabra de Dios: "…buscad **primeramente** el reino de Dios y su justicia, y todas estas cosas os serán **añadidas**" (Mateo 6:33).

"Pero pastor Príncipe, yo… no merezco la bendición de Abraham".

Tienes toda la razón, mi amigo. Ninguno de nosotros merecemos la bendición de Abraham, por eso es importante que sepamos que somos justos por fe. No recibimos lo que merece nuestra propia justicia. Recibimos lo que merece la justicia de Cristo. No hicimos nada correcto, pero Jesús hizo todo lo correcto a favor nuestro. Eso es gracia; favor inmerecido, no ganado. Su gracia es la clave para convertirnos en herederos del mundo y para experimentar todas las bendiciones de Abraham.

Debes leer esta porción de las Escrituras:

> Porque si Abraham fue justificado por las obras, tiene de qué gloriarse, pero no para con Dios. Porque ¿qué dice la Escritura? Creyó Abraham a Dios, y le fue contado por justicia. Pero al que obra, no se le cuenta el salario como gracia, sino como deuda; **Mas al que no obra, sino cree en aquel que justifica al impío, su fe le es contada por justicia.**
>
> —ROMANOS 4:2–5

El secreto de las bendiciones de Abraham se encuentra en el versículo cinco (en negritas). ¿Qué creyó Abraham? Creyó que Dios justifica al
impío. Aparta tiempo para meditar sobre esto. Dios quiere que utilices tu
fe para creer que, aun cuando hayas fracasado, Él es un Dios que justifica
al impío y lo hace justo. Eso es gracia.

Mi amigo, deposita tu fe en su favor inmerecido, no en tus obras. Ser
justos no se basa en tu funcionamiento perfecto. Se basa en su obra perfecta. La parte tuya es utilizar tu fe para creer que eres verdaderamente
justo por fe, para que reines en esta vida, te conviertas en heredero del
mundo y vivas una vida vencedora y victoriosa.

Oración de hoy

Padre, declaro que aun cuando he fallado, ningún arma
forjada contra mí va a prosperar, porque tengo la justicia de
Jesucristo. Toda lengua que se levante contra mí en juicio y
condenación, tengo el derecho a condenarla porque soy justo
en Cristo. Y puesto que tengo tu don de justicia, reinaré en
la vida por medio de Cristo. Voy a disfrutar la bendición
de Abraham y viviré una vida vencedora y victoriosa.

Pensamiento de hoy

¡Ninguna arma forjada contra mí prosperará,
porque soy justicia de Dios en Cristo!

Reflexión de hoy sobre el favor inmerecido

La justicia que es por la fe habla

❖

Escritura de hoy

Porque de la justicia que es por la ley Moisés escribe así:
El hombre que haga estas cosas, vivirá por ellas. Pero la
justicia que es por la fe dice... —Romanos 10:5–6

Permíteme decir algo sobre la fe. No se puede tener fe si no hablas de esto. Cuando estudias Romanos 10, te percatas de que dice que "la justicia que es por la ley... **hace**... Pero la justicia que es por la fe **dice**". La ley se refiere a hacer, mientras que la fe se refiere a hablar. No es suficiente saber sólo en tu mente que eres justo. No es suficiente leer este capítulo solamente, o simplemente escuchar un sermón sobre la justicia y concordar en que eres justo. Tienes que abrir tu boca y decir por la fe: "Soy la justicia de Dios en Cristo". Aquí es cuando muchos creyentes pierden la bendición de Abraham. Ellos no hablan de su justificación por la fe.

"Nuestra primera respuesta —cuando descubrimos un síntoma en nuestro cuerpo, cuando recibimos una mala noticia o cuando nos enfrentamos a un juicio—, siempre debe ser: "Soy la justicia de Dios en Cristo".

Nuestra primera respuesta a una situación difícil es muy importante. Nuestra primera respuesta —cuando descubrimos un síntoma en nuestro cuerpo, cuando recibimos una mala noticia o cuando nos enfrentamos a un juicio—, siempre debe ser: "Soy la justicia de Dios en Cristo". Vamos, este es el momento de la verdad. Es cuando tenemos que hablar. Tú no sólo necesitas saber que eres justo, debes creer y hablar de tu justicia en Cristo. ¡No es fe hasta que lo hablemos! Pablo dijo: "Pero teniendo el mismo espíritu de fe, conforme a lo que está escrito: 'Creí, por lo cual hablé', nosotros también creemos, por lo cual también hablamos"

(2 Corintios 4:13). El espíritu de la fe es claramente creer y hablar. Así que no importa cuántos sermones o libros sobre la justicia hayas oído y leído. Tienes que creerlo y hablarlo.

Cuando fallas y estás destituido de la norma perfecta de la ley, es el momento en que debes ejercer tu fe para decir: "Soy la justicia de Dios en Cristo". En ese preciso instante —cuando estás hirviendo de rabia con tu cónyuge, o cuando acabas de perder la calma en el camino—, es que necesitas fe para decir que eres justo puesto que sabes que lo has perdido. ¿Y sabes qué? En el momento que lo dices, aunque estés en medio de tu ira, te sentirás que has dado algo bueno en esta situación. Das un paso atrás y empieza a relajarte, y la ira se disipa a medida que comienzas a darte cuenta de tu verdadera identidad en Cristo.

Hombres, si ven a una mujer ligera de ropa en la televisión o en la portada de una revista y son tentados, ¿cuál es su primera reacción? ¿Están conscientes del pecado o están conscientes de su justicia? La conciencia de pecado los hará sucumbir a la tentación, mientras que la conciencia de la justicia, les da el poder para vencerla. Es por eso que el enemigo quiere mantenerlos conscientes del pecado. Si confiesan sus pecados todo el tiempo, se mantendrán conscientes de ellos. Es como si Jesús no se hubiera hecho pecado en la cruz. La conciencia de la justicia te mantiene consciente de Jesús. Cada vez que lo confiesas, engrandeces la obra de Cristo en la cruz. Así que debemos creer y hablar la verdad: "Soy la justicia de Dios en Cristo". Por tanto, no puedes dejar de ver los resultados de magnificar al Señor Jesús y su obra terminada.

❖

Oración de hoy

Padre, debido al sacrificio perfecto de Jesús por mí en la cruz, estoy siempre justificado delante de tus ojos. Ayúdame a estar siempre consciente de mi justicia eterna en Cristo y confesarla en cada situación que enfrente. Puesto que soy justo en Cristo, tu Espíritu me da poder para superar todos los retos y reinar en la vida.

Pensamiento de hoy

*La conciencia de justicia me da poder para
vencer todos los obstáculos.*

Reflexión de hoy sobre el favor inmerecido

_____
_____
_____
_____
_____
_____
_____
_____
_____
_____
_____
_____
_____
_____
_____
_____
_____
_____
_____
_____
_____
_____
_____
_____
_____

Cómo crecer en el favor inmerecido de Dios

❖

Escritura de hoy

Justificados, pues, por la fe, tenemos paz para con Dios por medio de nuestro Señor Jesucristo por quien también tenemos entrada por la fe a esta gracia en la cual estamos firmes, y nos gloriamos en la esperanza de la gloria de Dios. —Romanos 5:1–2

LA PALABRA DE Dios nos dice que "Jesús **crecía** en **sabiduría** y en estatura, y en **gracia** para con Dios y los hombres" (Lucas 2:52). Este es un buen versículo para orar y hablar sobre tus hijos —que crecen primeramente en favor con Dios y luego en favor con el hombre. Tu "relación vertical" con Dios siempre debe estar por encima de la "relación horizontal" con la gente que te rodea.

Debido a la obra perfecta de Jesús en la cruz, eres justo por su sangre y bendecido en gran medida, altamente favorecido y amado profundamente.

Al igual que Jesús, puedes aumentar en sabiduría y en el favor inmerecido de Dios. ¿Cómo? Probablemente hayas notado que algunos creyentes parecen experimentar el favor inmerecido mucho más que otros. Creo que eso se debe a que entienden la clave para tener acceso al favor de Dios. Romanos 5:2 indica con claridad que "tenemos entrada por la fe a esta gracia [favor inmerecido] en la cual estamos firmes". Para tener acceso a tu computadora o a tu cuenta bancaria, necesitas una contraseña. Para tener acceso a incrementar el favor inmerecido de Dios, la "contraseña" o clave que debemos tener es fe, fe para creer que TÚ, _____ (escribe tu nombre), **eres** altamente favorecido.

Una de las cosas que he enseñado a los miembros de mi iglesia a hacer es declarar sobre sí mismos que son **grandemente bendecidos, favorecidos y profundamente amados.**

"¿Cómo sabemos que estamos muy bendecidos, pastor Prince?"

Lee Hebreos 6:13–14. Dios quiso que estuviéramos tan anclados en el conocimiento seguro y firme de que **nos** bendecirá —con la simiente de Abraham—, que juró por sí mismo, diciendo: "De cierto te bendeciré con abundancia y te multiplicaré grandemente".

"¿Cómo podemos decir que somos muy favorecidos?"

Efesios 1:6 declara que por la gracia (favor inmerecido) de Dios "nos hizo **aceptos** en el Amado". En el texto original griego, la palabra "acepto" es *charitoo*, palabra que significa "muy favorecidos".[1]

"Y ¿somos en verdad amados profundamente por Dios?"

Dios no sólo nos amó. Juan 3:16 afirma que "Porque de **tal** manera amó Dios al mundo, que ha dado a su Hijo unigénito. El demostró como esa frase —de TAL manera nos amó— cuando envió a Jesús a morir en la cruz por nosotros.

Oro que los versículos que he mostrado aquí te ayuden a creer que, a través de Jesús, eres grandemente bendecido, altamente favorecido y profundamente amado. Si estas verdades aún no son establecidas en tu corazón, comienza a hablar de ellas. Mírate en el espejo cada mañana y declara con valentía: Por la obra perfecta de Jesús en la cruz, soy justo por su sangre, y me siento bendecido grandemente, muy favorecido y profundamente amado. Espero que me lleguen cosas buenas. Espero buen éxito y tengo una expectativa firme con el bien.

Una vez que recibes a Cristo, estás parado en tierra favorable. Ya no estás en tierra condenada. Dios te mira como su hijo favorito.

"Pero pastor Prince, ¿cómo puede Dios tener favoritos?"

Él es Dios. No trates de limitar a un Dios infinito con tu mente finita. La Biblia nos dice que Dios cuenta todos los cabellos de cada una de nuestras cabezas (Mateo 10:30). (Yo amo a mi hija mucho, pero nunca he contado el número de cabellos de su cabeza.) Su amor por cada uno

---

1 *NT: 5487, Biblesoft's New Exhaustive Strong's Numbers and Concordance with Expanded Greek-Hebrew Dictionary. Copyright © 1994, 2003, 2006, Biblesoft, Inc. and International Bible Translators, Inc.*

de nosotros es íntimo y profundamente personal. A sus ojos, todos somos sus favoritos.

❖

Oración de hoy

Padre, establéceme en la verdad de que me siento muy bendecido, muy favorecido y amado profundamente. Debido a tu favor inmerecido y a la obra perfecta de Jesús en la cruz, soy justo por su sangre. Yo creo y declaro que soy grandemente bendecido, altamente favorecido y profundamente amado. Espero que hoy me lleguen cosas buenas. Espero buen éxito. ¡Aleluya! Gracias, Padre, por tu favor inmerecido.

Pensamiento de hoy

¡Soy el favorito de Dios!

Reflexión de hoy sobre el favor inmerecido

Dios escoge al débil para derribar al fuerte

❖

Escritura de hoy

Pues mirad, hermanos, vuestra vocación, que no sois muchos sabios según la carne, ni muchos poderosos, ni muchos nobles; sino que lo necio del mundo escogió Dios, para avergonzar a los sabios; y lo débil del mundo escogió Dios, para avergonzar a lo fuerte. —1 Corintios 1:26–27

Dios está interesado en tu éxito. Aun cuando no seas el más rápido, fuerte, sabio, conocedor y hábil en lo natural, Dios te bendice dándote buen éxito cuando dependes de su gracia. Puedes elevarte por encima del sistema de la meritocracia a través de su favor inmerecido. El sistema del mundo sólo premia a los fuertes, mientras que los débiles son abandonados y en algunos casos, hasta despreciados. Pero, en Jesús, hay esperanza para ellos.

En las manos de la gracia de Dios, lo necio y débil viene a ser más sabio y más fuerte que lo sabio y fuerte del mundo.

La manera de Dios es completamente opuesta a la del mundo. De acuerdo a 1 Corintios 1:26, "no sois muchos sabios según la carne, ni muchos poderosos, ni muchos nobles". ¿No es fascinante descubrir que mientras el mundo mira con buenos ojos al sabio, poderoso y noble, Dios no? Veamos en el siguiente versículo lo que Dios escoge en su lugar: "**lo necio** del mundo escogió Dios, para avergonzar a los sabios; y **lo débil** del mundo escogió Dios, para avergonzar a lo fuerte".

¿No es asombroso? Dios ha escogido lo necio y débil y lo hace apto para recibir sus bendiciones en abundancia. Pero el versículo no dice que lo necio y débil seguirá siendo necio y débil. Al contrario, debido al favor inmerecido de Dios, lo necio y débil avergonzará a lo sabio y fuerte de este mundo. En manos de su gracia, lo necio y lo débil se hace aun más sabio y más fuerte que lo sabio y fuerte del mundo.

Esto es algo que he experimentado personalmente. En la escuela secundaria, yo era tartamudo. Veía a los otros niños hablar y leer en voz alta en clase sin esfuerzo mientras que yo tenía serios problemas para articular las palabras.

Recuerdo que había un profesor que entraba a la clase y siempre me hacía levantar y leer en voz alta en clase. Lo hacía sólo por el puro placer de verme balbucear y tartamudear, sabiendo muy bien lo que iba a suceder. Y así era, mientras yo trataba de hacer correr la primera palabra —"e-e-e-e-el"—, mis compañeros de clase (especialmente las niñas) y el profesor se reían; mis oídos ardían y enrojecían. Eso sucedía cada vez que me pedía que leyera en clase.

Sinceramente, si me hubieras dicho entonces que yo iba a estar predicando a miles de personas cada semana, habría corrido a esconderme debajo de la mesa y hubiera dicho: "¡Vete de mí, Satanás!" Si había algo en lo que todo el que me conocía en ese entonces creía que yo fallaría, era hablar en público. Pero Dios miró hacia abajo y dijo: "Yo voy a hacer un predicador de este muchacho".

Un día, cuando estaba cansado de andar con el ánimo por el suelo, le dije al Señor: "Señor, no tengo mucho que dar, pero lo que tengo te doy". Recuerdo cómo mi voz era lo que más me avergonzaba, así que dije: "Señor, te doy mi voz". Cuando dije eso, lo compadecí por conseguirse a alguien como yo con tantas debilidades.

Para no hacer el cuento largo, después de darle todos mis puntos débiles al Señor, algo sobrenatural ocurrió. Dejé de estar consciente de mi tartamudez y desapareció sobrenaturalmente. En el área de mi debilidad, Dios suplió su fuerza. Hace aproximadamente dos años, una de las profesoras de mis días de escuela secundaria vino a mi iglesia y se sentó en uno de los servicios en los que estuve predicando. Después del servicio, me escribió una nota que decía: "Veo un milagro. ¡Esto debe ser Dios!"

¿Por qué el Señor escoge lo necio y débil para confundir a los sabios y poderosos de este mundo? La respuesta es simple. Es para que "**nadie se jacte en su presencia**" (1 Corintios 1:29). Dios escoge las cosas que son débiles en lo natural para que ningún hombre pueda presumir de su **propia** capacidad; toda la gloria redunda en el Señor.

Creo que la razón por la que Dios escogió a alguien como yo para predicar el evangelio es para que otros (especialmente los que me habían conocido antes) me miren y digan: "¡Esto debe ser Dios!" y Dios reciba la gloria. Ahora, al ver cómo Dios ha usado mi voz, mi principal debilidad, para traer transformación de vida y milagros, no sólo a las personas en Singapur, sino en todo el mundo a través de nuestras transmisiones televisivas, me hace sentir inútil porque sé lo que yo era antes de que Dios me tocara. Mi amigo, son aquellos que se sienten orgullosos y que dependen de su fuerza humana los que Dios no puede usar. Así que cuando te veas a ti mismo y veas sólo debilidades, depende del favor inmerecido de Dios y conoce que Dios puede y va a utilizarte.

Oración de hoy

Padre, tú lo sabes todo acerca de mis debilidades. Sin embargo, estás dispuesto a usarme para tus propósitos y gloria. Por lo tanto, te doy todas mis debilidades y me apoyo totalmente en tu favor inmerecido. En tus manos, esas debilidades se convertirán en fortalezas. Gracias por tu favor inmerecido, que me hará elevar por encima del sistema de la meritocracia del mundo y experimentar el éxito más allá de mis habilidades, experiencia y calificaciones naturales.

Pensamiento de hoy
Aunque no sea el más sabio ni el más fuerte, Dios puede bendecirme con buen éxito si dependo de su favor inmerecido

Reflexión de hoy sobre el favor inmerecido

_____

_____

_____

_____

Cuando Dios puede usarte

❖

Escritura de hoy

Mas por él estáis vosotros en Cristo Jesús, el cual nos ha sido hecho por Dios sabiduría, justificación, santificación y redención; para que, como está escrito: El que se gloría, gloríese en el Señor. —1 Corintios 1:30–31

Es Jesús, su sabiduría en tu vida, su justicia y su obra perfecta de redención en la cruz lo que hace que tengas éxito. Así que cuando te enorgullezcas de tus triunfos, jáctate sólo de Jesús. Sin Jesús, no tienes nada de que jactarte. Pero con Jesús en tu vida, puedes jactarte de Él y de Él solamente por todo el éxito y la bendición que vienen a través de su favor inmerecido. Si eres fuerte, poderoso y sabio en ti mismo, entonces el favor inmerecido de Dios no puede fluir. Pero cuando te percatas de tus debilidades y necedades, y entonces dependes de Jesús, es ahí cuando su favor inmerecido puede fluir sin obstáculos en tu vida.

Cuando reconoce tus debilidades y dependes de Jesús, su favor inmerecido puede fluir sin obstáculos en tu vida.

Vemos esto en la historia de Moisés. En sus primeros 40 años como príncipe egipcio considerado con respeto y admiración, él pensaba que lo sabía todo. La Biblia dice que en los primeros 40 años, Moisés era "poderoso en sus palabras y obras" (Hechos 7:22), pero Dios no podía usarlo. Sin embargo, en los próximos 40 años, algo le sucedió a Moisés. Había huido de Egipto después de matar a un egipcio que estaba golpeando a un hebreo, y se fue a vivir en el desierto de Madián. Se convirtió en pastor y ya no era considerado poderoso en palabras ni obras. De hecho, se había convertido incluso en tartamudo (Éxodo 4:10). Y en ese punto de su vida, cuando probablemente pensaba que era sólo una vieja gloria, insignificante en comparación con lo que había sido, y que sus días gloriosos estaban detrás de él, Dios se le apareció y le dijo: "... te enviaré a Faraón, para que saques de Egipto a mi pueblo" (Éxodo 3:10).

Cuarenta años antes, en el cenit de su capacidad, Moisés no pudo ni enterrar adecuadamente al egipcio que había matado, fue descubierto y obligado a huir (Éxodo 2:11–15). Pero ahora, despojado de su dependencia de su fuerza humana y consciente de sus debilidades, entró en su llamado, dependiendo exclusivamente del favor inmerecido de Dios. Y esta vez, cuando Moisés agitó su vara sobre el mar, el mar cubrió a decenas de miles de egipcios perfectamente (Éxodo 14:26–28).

La Biblia nos dice que "Dios resiste a los soberbios y da gracia [favor inmerecido] a los humildes" (1 Pedro 5:5). Amado, Dios no va a imponernos su favor inmerecido. Siempre que queramos depender de nosotros mismos y de nuestra sabiduría, Él nos permitirá hacerlo. Su favor inmerecido es dado a aquellos que con humildad reconocen que no pueden tener éxito con su propia fuerza y habilidad. Cuando dejemos eso y dependamos de su favor inmerecido, ¡Él se encargará y hará por nosotros lo que no podemos hacer por nosotros mismos!

Oración de hoy

Padre, reconozco humildemente mi incapacidad para lograr cualquier cosa en la vida por mí mismo. Por lo tanto, dejo atrás mi confianza en el esfuerzo propio, y decido confiar en ti y en tu favor inmerecido solamente. Sólo puede haber éxito en mi vida cuando TÚ eres el que trabaja en y a través de mí. Cualquier buen éxito que tenga hoy es debido a ti y a tu favor inmerecido. Gracias por hacer en mí y a través de mí lo que yo no puedo hacer en y por mí mismo.

Pensamiento de hoy

Cuando no soy yo sino Dios mismo el que trabaja en y a través de mí, ¡los resultados son perfectos!

Reflexión de hoy sobre el favor inmerecido

La sumisión libera el favor de Dios sobre tu vida

Escritura de hoy

Y dijo Isaí a David su hijo: Toma ahora para tus hermanos un efa de este grano tostado, y estos diez panes, y llévalo pronto al campamento a tus hermanos. Y estos diez quesos de leche los llevarás al jefe de los mil; y mira si tus hermanos están buenos, y toma prendas de ellos. —1 Samuel 17:17–18

CUANDO DIOS QUISO acabar con el poderoso gigante que estaba aterrorizando a la nación de Israel, envió a alguien que era débil en la carne. Medita en eso. A los ojos del mundo, ¿qué podría ser más débil contra un soldado entrenado y temible, que un joven que no tenía formación militar formal, sin armadura, vestido con ropas de humilde pastor, y que ni siquiera llevaba arma alguna de verdad excepto una honda y cinco piedras lisas del arroyo? No es de extrañar que Goliat se burlara de este joven pastor y de su estrategia. Cuando David entró en el campo de batalla, Goliat le preguntó con sarcasmo: "¿Soy un perro, para que vengas a mí con palos?" (1 Samuel 17:43).

La sumisión al liderazgo establecido por Dios, siempre hará que el favor de Dios fluya en tu vida.

Las consecuencias de esa batalla fueron enormes. No era solamente un duelo o enfrentamiento entre dos individuos. Los israelitas y los filisteos habían acordado enviar cada uno un guerrero que representaría a su país. El guerrero derrotado comprometería a su nación a convertirse en siervos de la otra. Decir que mucho estaba en juego en esta pelea, sería quedarse corto. ¿Y a quién envía Dios para representar a Israel? En términos naturales, envió posiblemente a la persona menos calificada en ese campo de batalla en el valle de Ela.

¡David ni siquiera era un soldado del ejército de Israel! Para empezar, ¿recuerdas cómo este joven pastor terminó en el campo de batalla? David estaba allí para dar el pan y el queso a sus hermanos que estaban en el ejército (1 Samuel 17:17–20). Y, sin embargo, se encontró de pie en el campo de batalla como representante de Israel en contra de la soberbia de Goliat. De entregar pan y queso, fue llamado a liberar a toda la nación de Israel.

David estaba en el lugar correcto en el momento correcto, porque se humilló y se sometió a las instrucciones de su padre de ir a entregar el pan y el queso a sus hermanos. Amado, esto es algo que tienes que entender. La sumisión al liderazgo establecido por Dios, siempre hará que el favor de Dios fluya en tu vida, de modo que te encontrarás, igual que David, ¡en el lugar correcto en el momento correcto!

La Biblia afirma que no debemos despreciar los días de los modestos comienzos (Zacarías 4:10, nvi). No hay nada fascinante en cuanto a entregar pan y queso, pero David no lo despreció. Y eso lo colocó justo en el valle de Ela, mientras el viento soplaba su cabello; un joven pastor sin experiencia militar representando a la nación de Israel contra un poderoso gigante que era un hombre de guerra desde su juventud.

Eso es lo que a Dios le gusta hacer. Le encanta tomar lo necio y débil para avergonzar a lo sabio y poderoso del mundo. Así que, amado, humíllate y sométete a las autoridades que Dios ha puesto por encima de ti. Y cuando seas fiel en llevar a cabo las pequeñas tareas que te asignen, obtendrás su favor y quizás te encuentres haciendo grandes proezas para Dios.

Oración de hoy

Padre, te doy gracias porque puedes utilizar a las personas menos probables para hacer grandes proezas para ti. Tú calificas al descalificado, exaltas a los humildes y oprimidos hasta hacerlos campeones. Aun los modestos comienzos pueden tener grandes finales cuando tu favor inmerecido es liberado. Padre, decido someterme a las autoridades que has puesto sobre mí en las diferentes áreas de mi vida y no voy a despreciar cualquier tarea pequeña que tengas para mí. Hazme estar en el lugar correcto en el momento correcto, para que pueda disfrutar de toda las bondades que me tienes guardadas.

Pensamiento de hoy

La sumisión libera el favor de Dios sobre mi vida.

Reflexión de hoy sobre el favor inmerecido

DÍA 94

Cómo obtuvo Ester el favor

Escritura de hoy

*Cuando le llegó a Ester, hija de Abihail tío de Mardoqueo, quien
la había tomado por hija, el tiempo de venir al rey, ninguna cosa
procuró sino lo que dijo Hegai eunuco del rey, guarda de las mujeres;
y ganaba Ester el favor de todos los que la veían.* —Ester 2:15

CUANDO SABES QUE eres muy bendecido, altamente favorecido y amado
profundamente, no tienes que depender de tus propios esfuerzos. Mira
la historia de Ester, por ejemplo. Cuando el rey Asuero estaba buscando una nueva reina, las mujeres más bellas de la tierra fueron reunidas
en el palacio. A todas ellas se les dio la oportunidad de ataviarse con lo
que desearan de la casa de las mujeres antes de ser llevadas a una audien-
cia con el monarca. Pero cuando le tocó el turno a Ester, "ninguna cosa
procuró sino lo que dijo Hegai eunuco del rey, guarda de las mujeres". Y
mira los resultados: "**Ganaba** Ester el favor de todos los que la veían" y el
rey "amó a Ester más que a todas las otras mujeres, y halló ella **gracia y
benevolencia delante de él** más que todas las demás vírgenes; y puso la
corona real en su cabeza y la hizo reina…" (Ester 2:17).

**Cuando el Señor te promueve, te da la influencia para
que seas bendición para los que te rodean.**

Mientras las otras mujeres tomaron la mejor ropa, perfumes y acceso-
rios para embellecerse, Ester no se basó en sus propias habilidades, sino
que se sometió a Hegai, el funcionario que había sido nombrado por el
rey para supervisarlas. Había mucha sabiduría y sencillez en su decisión.
¿Puedes ver la belleza de Ester? Ella no confiaba en sus propios esfuerzos.
Mientras que las demás trataron de superarse unas a otras, apoyándose
en sus propios esfuerzos, Ester sabiamente se sometió a la única persona

que conocía mejor las preferencias del monarca, y los resultados hablan por sí mismos.

Ese incidente también nos demuestra que Ester dependía enteramente del favor inmerecido de Dios. (Cuando dependes enteramente del favor inmerecido del Señor, estás confiando en Él y en una posición de descanso.) Ester no tenía que luchar. Como descansó en el Señor y se humilló a sí misma, el Señor la promovió y exaltó por encima de todas las otras hermosas mujeres. Dios resiste a los soberbios y da favor inmerecido a los humildes (1 Pedro 5:5). Cuando te humillas y dejas de esforzarte para promoverte, y dependes únicamente de Jesús, el Señor mismo será tu promoción. Al igual que Ester, te destacarás entre la multitud y obtendrás la gracia y el favor con Dios y con el hombre.

¿Sabes por qué la historia de Ester es tan importante? Lee los detalles en el libro que lleva su nombre. Debido a que Ester fue promovida para convertirse en reina, estaba en una posición favorable para proteger de la muerte a todos los judíos del reino. Cuando el Señor te promueve, te da la influencia para que seas bendición para los que te rodean. No hay coincidencias, sólo incidentes divinos. ¡El Señor te bendiga para que seas de bendición!

❖

Oración de hoy

Padre, te doy gracias porque no tengo que confiar en el hombre para ser promovido. Te doy gracias porque no tengo que tramar ni luchar por obtener el reconocimiento de la gente. Jesús mismo es mi promoción y mi aumento. Señor Jesús, dependo de ti, de tu conocimiento y de tu favor inmerecido. Y cuando sea promovido por tu favor inmerecido, te doy gracias porque será a una posición de influencia, donde pueda ser de bendición para otros.

Pensamiento de hoy

El Señor mismo es mi promoción y mi aumento.

Reflexión de hoy sobre el favor inmerecido

Personaliza el favor de Dios para ti

❖

Escritura de hoy

Volviéndose Pedro, vio que les seguía el discípulo a quien amaba Jesús, el mismo que en la cena se había recostado al lado de él, y le había dicho: Señor, ¿quién es el que te ha de entregar? —Juan 21:20

Yo solía pensar que entre los doce discípulos de Jesús, Juan era el predilecto del Señor y el que le era más cercano ya que la Biblia llama a Juan "aquel al que amaba Jesús". Tenía la impresión de que Juan tenía un favor especial con Jesús, por lo que siempre me preguntaba qué le hacía tan particular que lo distinguía de los otros discípulos. ¿No deseas ser conocido como el discípulo al que ama Jesús? ¡Yo sí!

**Es tu prerrogativa verte como el discípulo al
que Jesús ama y llamarte así tú mismo.**

Entonces un día, cuando estaba leyendo la Palabra de Dios, me percaté del secreto del favor de Juan. El Señor abrió mis ojos y me mostró que la expresión "aquel al que amaba Jesús" ¡en realidad se encuentra solamente en el propio libro de Juan! Compruébalo por ti mismo. No encontrarás esa frase en los evangelios de Mateo, Marcos y Lucas. Solo se encuentra en el Evangelio de Juan. Es una frase que Juan emplea para describirse a sí mismo.

Ahora bien, ¿qué estaba haciendo Juan? Estaba **practicando y perso-nalizando el amor que Jesús tenía por él**. Todos somos preferidos por Dios, pero Juan conocía el secreto de acceder al favor inmerecido de Jesús por sí mismo. Es tu prerrogativa verte como el discípulo al que Jesús ama y llamarse así tú mismo.

Cuando empecé a enseñar que el secreto del favor de Juan estaba en su personalización del amor de Dios, la gente de mi iglesia, literalmente, entró en una nueva dimensión al experimentar el favor inmerecido de Dios en sus vidas. He visto cómo algunos de ellos realmente tomaron esa revelación y corrieron con ella. Algunos personalizaron las pantallas de sus teléfonos celulares para que dijera: "aquel al que ama Jesús", mientras que otros firmaban sus mensajes de texto y correos electrónicos con la misma frase.

A medida que se recordaban a sí mismos que son "aquel al que ama Jesús", comenzaron a crecer en la conciencia del amor del Señor por ellos. Al mismo tiempo, comenzaron a crecer conscientes de que son favorecidos. Tengo montones de reportes de elogio en cuanto a cómo los miembros de nuestra congregación han sido tan bendecidos con sólo estar conscientes del favor de Cristo. Algunos han sido promovidos, otros han recibido aumentos de sueldo espectaculares y muchos han ganado premios por su desempeño en las empresas y en otros concursos, incluyendo vacaciones con todos los gastos pagados.

Un hermano de mi iglesia solicitó cierta tarjeta de crédito durante una promoción especial en la que los nuevos solicitantes podían ganar una serie de premios. Probablemente hubo cientos de miles de personas que participaron en esa promoción, pero ese joven simplemente creía que *él* era muy favorecido, y por eso, se ganaría el primer premio.

Llegó el día del sorteo y así fue, el joven se ganó el primer premio: un impresionante Lamborghini Gallardo negro. Cuando escribió a la iglesia para comunicarnos su testimonio, adjuntó una foto suya, sonriendo de oreja a oreja, posando con su flamante Lamborghini. Él dijo que sabía que había ganado el coche por el favor inmerecido de Dios y después de haberlo vendido, trajo su diezmo a la iglesia, dando toda la gloria y honra a Cristo. El mundo llama a eso "suerte", pero para el creyente, no hay tal cosa. ¡Sólo hay el favor inmerecido de Jesús!

❖

Oración de hoy
Padre, de tal manera amaste al mundo que me amaste a mí. Gracias por prodigarme tu amor incondicional y personal. Me veo abrazado y cuidado por ti. Soy la niña de tus ojos, aquel al que tú amas. Y

puesto que tu amor por mí es insondable y particular, espero que hoy me sucedan cosas buenas. Te doy gracias por el favor con las personas. Te doy gracias por la protección divina. Te doy gracias por la provisión abundante y por los buenos acontecimientos en el día hoy.

Pensamiento de hoy

¡Yo soy aquel al que ama Jesús!

Reflexión de hoy sobre el favor inmerecido

_____

_____

_____

_____

_____

_____

_____

_____

_____

_____

_____

_____

_____

_____

_____

_____

_____

_____

Recuerda siempre que eres el amado de Dios

❖

Escritura de hoy

En amor habiéndonos predestinado para ser adoptados hijos suyos por medio de Jesucristo, según el puro afecto de su voluntad, para alabanza de la gloria de su gracia, con la cual nos hizo aceptos en el Amado. —Efesios 1:5–6

¿CREES QUE ERES amado y muy favorecido por Dios? Efesios 1:6 declara: "para alabanza de la gloria de su gracia [favor inmerecido], con la cual nos hizo aceptos en el Amado". Por tanto, no es posible que hagamos meritos para ser aceptados. Hemos sido aceptados por la gloria del favor inmerecido de Dios. La palabra "acepto", en Efesios 1:6 es el vocablo griego *charitoo*. Ahora bien, la raíz de la palabra *charitoo es charis*,[1] que significa "gracia". De modo que *charitoo* simplemente significa "muy honrado" o "altamente favorecido". En otras palabras, eres muy favorecido en el Amado.

Las tentaciones del diablo no tienen efecto porque él no puede recordarte que tú eres un amado de Dios.

Ahora, sabemos que "el Amado" en Efesios 1:6 se refiere a Jesús. Si sigues leyendo, el versículo siguiente dice: "En quien [Jesús, el Amado] tenemos redención por su sangre, el perdón de pecados según las riquezas de su gracia [favor inmerecido]". Ahora bien, ¿por qué la Biblia sólo dice que somos muy favorecidos en Jesús o en Cristo? (No hay detalles insignificantes en la Biblia.) ¿Por qué el Espíritu Santo determina específicamente decir que somos muy favorecidos "**en el Amado**"?

"Amado" es un término cálido e íntimo que fue usado por Dios en el río Jordán para describir a Jesús. La Biblia nos dice que cuando Jesús fue bautizado en el Jordán, tan pronto como salió del agua "vio abrirse los cielos, y al Espíritu como paloma que descendía sobre él. Y vino una voz de los cielos que decía: Tú eres mi **Hijo amado**, en ti **tengo complacencia**" (Marcos 1:10–11). En estas escrituras, se puede ver al Dios trino: Dios Padre, Dios Hijo y Dios Espíritu Santo. Esto nos dice que hay algo aquí muy importante que debemos aprender.

Dios el Padre habló en público y sus palabras fueron grabadas para que sepas que ser "aceptos en el Amado" significa que Dios **se complace mucho contigo** hoy. Mírate a ti mismo intercalado justo en el medio de Jesús, el Amado de Dios. Cuando Dios te mira, no te ve en fracaso ni en deficiencia. Te ve en la perfección de Jesús y en su belleza. Debido a que estás en Cristo, Dios te dice: "Tú, _____ (escribe aquí tu nombre), eres mi amado, en quien tengo complacencia". Jesús es el Amado de Dios porque guardó la ley perfectamente. Tú y yo somos amados de Dios, porque somos aceptados y muy favorecidos en el Amado, que tomó todos nuestros pecados y cumplió la ley en nuestro nombre.

Inmediatamente después de que Jesús fue bautizado, fue llevado al desierto para ser tentado por el diablo. El diablo vino a Jesús y le dijo: "Si eres Hijo de Dios, di que estas piedras se conviertan en pan" (Mateo 4:3). Ahora bien, no olvides que Jesús acababa de oír la voz de su Padre afirmándolo con las palabras: "Tú eres mi Hijo amado". Hace años, cuando estaba estudiando las tentaciones de Jesús por el diablo, el Señor me preguntó: "¿Has notado que el diablo omitió una sola palabra cuando fue a tentar a mi Hijo?"

Nunca había oído a nadie predicar eso antes ni recuerdo leerlo en ningún libro, pero Dios me abrió los ojos para ver que el demonio había omitido la palabra "amado". Sólo Dios le había dicho a Jesús: "Tú eres mi Hijo **amado**". Sin embargo, poco después de que el diablo llegó a Jesús, dijo: "Si eres el Hijo de Dios". Como ves, la palabra "amado", está ausente. El enemigo la olvidó deliberadamente.

Entonces el Señor me mostró que las tentaciones del diablo no tienen efecto, porque él no puede recordar que tú eres un amado de Dios. En el momento en que se acuerda de tu identidad como amado de Dios en Cristo, es incapaz de lograr su objetivo. No es de extrañar entonces que el diablo quiera robarles a los creyentes el hecho de que son amados de Dios. Así que no te dejes tentar ni engañar del diablo. Recuerda, hoy y cada día, que eres amado de Dios.

Oración de hoy

Padre, te doy gracias porque soy acepto, en el amor y el favor porque estoy fundamentado en Cristo, tu Amado. Sé que no he hecho nada para merecerlo, todo lo que tengo es por Cristo y su favor inmerecido. Ayúdame a ser siempre consciente del hecho de que soy tu hijo amado. Gracias a esa verdad, las tentaciones del diablo no pueden tener éxito conmigo. Espero que hoy me sucedan cosas buenas, sólo porque soy tu hijo amado.

Pensamiento de hoy

Yo soy amado de Dios y favorecido altamente por Cristo el Amado.

Reflexión de hoy sobre el favor inmerecido

_____

_____

_____

_____

_____

_____

_____

_____

_____

_____

Aliméntate cada día con el amor de Dios

❖

Escritura de hoy

*Porque de tal manera amó Dios al mundo, que ha dado
a su Hijo unigénito, para que todo aquel que en él cree,
no se pierda, mas tenga vida eterna. —Juan 3:16*

MI AMIGO, DIOS quiere que vivas cada día sabiendo que eres su hijo amado, en quien Él se complace. Ese es tu alimento diario: saber, creer y confesar que eres su amado y que le eres grato en todo tiempo.

**Vive cada día alimentándote del amor de Dios, su gracia,
su perfecta aceptación y el favor inmerecido por ti.**

Vive cada día alimentándote del amor de Dios, su gracia, su perfecta aceptación y el favor inmerecido por ti. Al hacerlo, estás recordándote que eres su amado, no importa lo que te pase. Cuando estás constantemente consciente de su favor en tu vida, nada te puede perturbar. Estarás confiado en la bondad de Dios contigo, tanto que aun cuando el demonio comience a tirarte limones, sabes que Dios los transformará en una refrescante limonada. Comienza a tener confianza con expectativas de bien aun cuando las circunstancias no parezcan muy buenas. Eso es caminar por fe y no por vista en la bondad de Jesús. Ya no estás mirando los desafíos. Estás viendo el rostro de Jesús que brilla sobre ti y la transmisión de su gracia a tu circunstancia.

Cuando estés seguro de que eres amado de Dios, no sólo vas a vencer las tentaciones del diablo, sino que le pedirás al Amado que te bendiga, incluso en las cosas pequeñas. Hace muchos años, Wendy y yo fuimos a un restaurante a cenar, ella estaba embarazada de Jessica. Cuando estábamos a punto de pedir la comida, un hombre sentado no muy lejos de nosotros sacó un paquete de cigarrillos y se dispuso a fumarlo. Yo no quería que Wendy inhalara el humo del cigarrillo, pero no había sección de no fumadores en el restaurante. Así que, ¿sabes lo que hice? ¡Oré! En voz baja, le dije al Señor: "Señor, yo sé que yo soy tu amado. Por favor, no permitas que este hombre fume en este restaurante". Eso fue todo lo que dije, una oración sencilla y rápida.

¿Sabes lo que pasó? El hombre trató de encender el cigarrillo, pero no conseguía que su encendedor funcionara. Insistió y siguió intentando, pero el encendedor simplemente no funcionó. Después de unos momentos guardó sus cigarrillos en el bolsillo de su camisa frustrado. ¡Alabado sea Jesús! Incluso en las pequeñas cosas, Dios escucha y contesta las oraciones de sus amados. Nada es muy grande ni demasiado pequeño para nuestro papá Dios. Si es importante para ti, es importante para Él. Cuando sabes que eres su amado, puedes andar a la espera constante de su favor inmerecido en cualquier situación.

Hace algunos años, abordé un taxi en Nueva York y tuve la oportunidad de hablarle del amor de Jesús a la conductora. Su respuesta fue muy típica. Me dijo con ligereza: "Dios ama a todo el mundo, hombre".

Eso es absolutamente cierto, Dios ama a todo el mundo, pero para experimentar su amor en tu vida, tienes que **personalizar su amor por ti**. Jesús murió por ti y sabes que incluso si fueses la única persona en la tierra, Dios todavía habría enviado a su Hijo a morir en la cruz por ti. Así eres de precioso para Él.

Necesitas apropiarte de Juan 3:16 y declarar: "Porque de tal manera amó Dios a _____ (escribe tu nombre), que envió a su Hijo unigénito a morir en la cruz por _____ (escribe tu nombre)". Sé como el discípulo Juan, que personalizó el amor del Señor por él llamándose: "el discípulo a quien Jesús amaba".

El sol brilla en cada filamento de hierba del campo. Pero si pones una lupa sobre una hoja de hierba en particular, el calor del sol se enfocará tanto en ella se quemará. Así es como tienes que ver el amor de Dios. Pon una lupa sobre tu vida e imagina cómo se centra y se concentra el amor de Dios en TI. Cuando personalizas el amor de Dios, vives cada día sabiendo que Él te ama, y adquieres una ardiente y sobrenatural habilidad para superar todos los retos de la vida.

Oración de hoy

Padre, te doy gracias porque a tu vista soy tu amado y precioso hijo.
Puesto que eres Dios, puedes amar a todo el mundo y, sin embargo,
conmigo tienes un amor particular. Tu bondad me permite que
me eleve por encima de las tormentas de la vida. Aun cuando el
diablo lance limones contra mí, tú los convertirás en una refrescante
limonada. Hoy puedo ver que me sonríes y que estoy en el centro de
atención de tu amor incondicional y de tu favor inmerecido. Así que
declaro este día bendecido y lleno de acontecimientos buenos para mí.

Pensamiento de hoy

Puedo pedirle a Dios por las cosas grandes o pequeñas. Si es
importante para mí, también lo es para Él ya que soy su amado.

Reflexión de hoy sobre el favor inmerecido

Descansa en la obra terminada de Jesús

Escritura de hoy

Pero Dios, que es rico en misericordia, por su gran amor con
que nos amó, aun estando nosotros muertos en pecados, nos dio
vida juntamente con Cristo (por gracia sois salvos), y juntamente
con él nos resucitó, y asimismo nos hizo sentar en los lugares
celestiales con Cristo Jesús, para mostrar en los siglos venideros
las abundantes riquezas de su gracia [favor inmerecido] en su
bondad para con nosotros en Cristo Jesús. —Efesios 2:4–7

ANALIZA EL PASAJE anterior. Se nos dice que por el favor inmerecido de Dios, estamos sentados con Cristo a la diestra del Padre. ¿Qué significa estar sentados juntos en los lugares celestiales con Cristo Jesús? Significa que hoy descansamos en la obra terminada de Jesús. Estar sentado con Cristo implica descansar, confiar en Él, y recibir todo lo que nuestro maravilloso Salvador logró a nombre nuestro. Mi amigo, Dios quiere llevarnos a una posición en que confiemos en Cristo Jesús para obtener buenos resultados en cada área de nuestras vidas, y no que confiemos en nuestras buenas obras y nuestros esfuerzos para lograr el éxito. ¡Qué bendición es estar en esa posición de dependencia de nuestro Salvador!

Estar sentado con Cristo implica descansar, confiar en Él y recibir todo lo que nuestro maravilloso Salvador logró a nombre nuestro.

Pero en vez de mirar a Jesús, los creyentes son engañados por el diablo que los pone a **buscar en sí mismos**. La estrategia del diablo no ha cambiado en miles de años. Él es experto acusándote, señalando todos tus defectos, debilidades, errores y vicios. Y seguirá recordándote tus fracasos pasados y condenándote para perpetuar el ciclo de derrota en tu vida.

Cuando el apóstol Pablo se vio hundido en la autocompasión, se deprimió y gritó: "¡Miserable de mí! ¿Quién me librará...?" (Romanos 7:24). En el versículo siguiente, ve la solución de Dios y afirma: "Doy gracias a Dios, por Jesucristo nuestro Señor". Del mismo modo, amado, es tiempo de que salgas de la inseguridad y la autocompasión, y comiences a enfocarte en Cristo.

Ya no debes estar preguntándote si eres aceptado delante de Dios o no. Esa pregunta se centra en ti y te pone bajo la ley. Sé que hay gente que se anima a hacerse esa misma pregunta, pero es un error preguntarse si son aceptados por Dios. Lo correcto es decirse: ¿Es Cristo aceptable a Dios? La Biblia lo confirma: "Pues como él es, así somos nosotros en este mundo" (1 Juan 4:17). Así que no preguntes: "¿Soy amado de Dios?" En lugar de eso pregunta: "¿Es Cristo aceptable a Dios?" ¿Puedes notar la diferencia en el énfasis? En el antiguo pacto de la ley todo es acerca de ti, pero en el nuevo pacto de la gracia todo es con Jesús. La ley demanda tu desempeño y que estés alerta tú mismo, pero la gracia pone todas las exigencias en Cristo Jesús y te asegura en Cristo.

¿Te imaginas a un niño creciendo y siempre pensando en su corazón: "Será verdad que papá me ama? ¿Soy amado por mamá? ¿Me aceptan papá y mamá?" Un niño así va a crecer emocionalmente deformado si no tiene la seguridad del amor y la aceptación de sus padres. Es por eso que tu Padre celestial quiere que tus raíces sean establecidas en, y ancladas a, su amor incondicional por ti. Él lo demostró al enviar a Jesús a convertirse en pecado, en la cruz, para que tú te convirtieras en su justicia. Hoy, lo que tenemos que hacer es quitar la mirada de nosotros y ver a Jesús.

Oración de hoy

Padre, me alegra saber que me ves a través de Cristo y no en carne. A pesar de todas mis faltas, así como Cristo es aceptado, también lo soy yo y soy amado por ti. Así como Cristo es amado, también tú me amas. Como Él, antes de ti, soy yo en este mundo porque tú me has puesto en él. Descanso en Cristo y en todo lo

*que ha cumplido por mí. Padre, ayúdame a mantener los ojos
en Jesús, mi victoria y mi identidad verdadera e inmutable.*

Pensamiento de hoy

*Descansar en Cristo es confiar en Jesús, en lugar de mi propio
esfuerzo, para triunfar en cada aspecto de mi vida.*

Reflexión de hoy sobre el favor inmerecido

Medita en la Palabra de Dios

Escritura de hoy

Nunca se apartará de tu boca este libro de la ley, sino que de día y de noche meditarás en él, para que guardes y hagas conforme a todo lo que en él está escrito; porque entonces harás prosperar tu camino, y todo te saldrá bien. —Josué 1:8

OBSERVA LAS INSTRUCCIONES que Dios le dio a Josué cuando fue designado como sucesor de Moisés: "Nunca se apartará de tu boca este libro de la ley, sino que de día y de noche meditarás en él, para que guardes y hagas conforme a todo lo que en él está escrito; porque entonces harás **prosperar** tu camino, y todo te **saldrá bien**". Dios le dijo a Josué que para tener éxito, tenía que meditar en la ley día y noche. Josué vivía bajo el antiguo pacto, así que, ¿de qué manera, los que vivimos bajo el nuevo, nos beneficiaremos de esta escritura?

El secreto del éxito radica en la meditación de la Palabra de Dios a la luz del nuevo pacto de la gracia.

Tenemos que leer esta porción de la Escritura desde la perspectiva de la obra terminada de Cristo. Eso es esencial para que seas firmemente establecido en la base sólida del nuevo pacto de la gracia. Ahora que sabes que no estamos bajo el antiguo pacto de la ley, ¿en qué manera el nuevo pacto nos bendecirá y hará que tengamos buen éxito? Josué sólo tenía la ley para meditar en ella, ya que el Nuevo Testamento no había sido escrito todavía. Para nosotros, el secreto del éxito se encuentra en la meditación de la Palabra de Dios a la luz del **nuevo pacto de la gracia**.

Antes de que podamos entrar en lo que significa meditar en la Palabra de Dios, debemos conocer qué significa exactamente "meditar".

Cuando la Biblia habla de la meditación, no se está refiriendo a un ejercicio mental. La palabra hebrea para meditar en el Antiguo Testamento es *hagah*, que significa absoluto o murmullo.[1] Así que *hagah* es hablar en voz baja. Ten en cuenta que el Señor le dijo a Josué: "Este libro de la ley no se apartará de tu boca…" No dijo que "no se apartará de tu mente". La clave para la meditación de la Palabra de Dios no está en la devoción mental. ¡Está en confesar las promesas de Dios con tu boca!

"Pastor Prince, ¿significa esto que debo seguir repitiendo la Palabra de Dios? Por ejemplo, ¿debo seguir diciendo: 'por su llaga fui curado', cuando necesite sanidad?"

Meditar en la Palabra de Dios no significa hacer vanas repeticiones de las Escrituras. Es mucho más que eso y es algo que ocurre por primera vez en el fondo de tu corazón. El salmista David captó la esencia de la meditación más acertadamente cuando dijo: "Se enardeció mi corazón dentro de mí; en mi meditación se encendió fuego, y así proferí con mi lengua" (Salmo 39:3). Al meditar en la Palabra de Dios, pídele al Espíritu Santo que te dé una nueva revelación de Cristo. Deja que la revelación de las Escrituras sea grabada en tu corazón. Permite que esa Escritura te queme el corazón con su revelación y Dios ungirá las palabras que pronuncies. Cuando declares: "Por sus llagas fui curado", y esa declaración sea expresada con cierto sentido de revelación y fe en Jesús, hablarás con poder.

Oración de hoy

Padre, te doy gracias porque tu voluntad es prosperarme y darme éxito, uno que no me destruya. Dame un corazón que desee meditar en tu Palabra, te pido que me hables palabras de vida cada vez que medito en ella. Dame nuevas revelaciones de tu Hijo Jesús, de su amor, de su persona y de la perfección de su obra terminada.

Pensamiento de hoy

Meditar trae la revelación que ofrece poder sobre mis declaraciones.

Reflexión de hoy sobre el favor inmerecido

Vivir bien es resultado de creer lo correcto

Escritura de hoy

Porque cual es su pensamiento en su corazón,
tal es él. —Proverbios 23:7

Al predicar la gracia en los últimos años, algunas personas me han preguntado lo siguiente: "¿No cree que nuestro desempeño es importante?" Yo les digo que por supuesto que nuestro rendimiento es importante. Pero también les digo que nuestro desempeño como maridos, esposas, padres, estudiantes, empleados e hijos de Dios es resultado de creer que somos justos por la fe. Lo digo una y otra vez, y nunca me cansaré de decirlo: Vivir bien es resultado de creer lo correcto. Hay un montón de gente predicando y enfocada en la vida correcta. Para ellos, vivir bien siempre ha de referirse a ser más santo, más temeroso de Dios, hacer más, orar más, leer la Biblia más, servir en la iglesia más o dar más dinero para ayudar a los necesitados. Pero mi amigo, cuando te enfocas en el comportamiento externo solamente, sólo tratas con los elementos superficiales.

Cree lo correcto y vas a vivir bien. Lo contrario también
es cierto: Cree lo erróneo y vas a vivir mal.

Predicar fuertemente sobre la santidad solo tiene un efecto temporal en el comportamiento de la gente, no trae un cambio duradero y permanente. Te voy a dar una analogía. Si cortas la maleza de tu jardín, pero no eliminas sus raíces, la mala hierba volverá a crecer. Así mismo es lo que se predica en la iglesia acerca de la vida recta. Temporalmente el problema puede parecer resuelto, pero si las raíces continúan vivas, el mismo comportamiento incorrecto, el mismo mal y los mismos hábitos de las adicciones volverán a aparecer, igual que la maleza.

Durante décadas, la iglesia ha predicado sobre la vida santa, sin ningún resultado, sin cambios permanentes en el comportamiento de las personas. Es hora de que vayamos a la raíz y la raíz no está en la predicación de una vida correcta, sino en predicar acerca de **creer en lo correcto**. Cree lo correcto y vas a vivir bien, correcto. Lo contrario también es cierto: **Cree lo erróneo y vas a vivir mal**. El cristianismo no se refiere a cambios de conducta. Se refiere a la transformación del corazón hacia el interior. Empezar a abordar la raíz en su lugar y hacerse con buenas enseñanzas, llenas de Cristo y de la justificación por la fe en Él. Cuando estás anclado en esas bases inquebrantables, tu comportamiento externo se alinea con su Palabra y comienzas a ser transformado a su imagen, de gloria en gloria. ¡Producirás frutos de justicia!

Sólo en caso de que haya malentendidos, permíteme decir esto claramente, en blanco y negro: Yo, Joseph Prince, **odia el pecado** y la vida errónea. Como pastor de una iglesia por más de dos décadas, he sido testigo presencial de los efectos devastadores del pecado. Destruye matrimonios, rompe familias, trae enfermedades y, básicamente, las lágrimas de la persona, de adentro hacia afuera. Estoy en el mismo lado que los que predican contra el pecado y sobre la necesidad de enseñar a vivir bien. Sin embargo, en lo que difiero es que creo que la solución para detener el pecado no radica en enfocarse en una vida recta. Se encuentra **en creer lo correcto**.

Creo en lo mejor de los hijos de Dios. Creo que los verdaderos creyentes nacidos de nuevo en Jesús no están buscando oportunidades para pecar, sino que buscan el poder para vencer y reinar sobre el pecado. Aun cuando sus acciones no sean del todo correctas, todavía creo que saben que *deben* vivir una vida recta y que desean hacerlo. Así que creo que mi parte como pastor es ayudar primeramente a creer lo correcto. Cuando sepan eso y que son justificados por la fe —y no por sus obras—, *van* a vivir correctamente.

En la Biblia vemos los rasgos de una vida recta: dominio propio, perseverancia, afecto fraternal y amor (2 Pedro 1:5–7). Pero ¿sabes tú que la Biblia también nos dice por qué algunos creyentes carecen de estas cualidades? En 2 Pedro 1:9 dice: "Pero el que no tiene estas cosas tiene la vista muy corta; es ciego, habiendo olvidado la purificación de sus antiguos pecados". ¡Uao! Este versículo esencialmente afirma que la razón por la que en algunos no se manifiestan estas cualidades de vida correcta es que se han olvidado de que todos sus pecados han sido perdonados y que son justos por la fe en Cristo Jesús. No es algo que la persona cree ni de lo que está consciente y que afecta su comportamiento.

¡Así que empieza a creer lo correcto y vas a tener una vida recta! Si no ves lo recto en un área particular —quizás estás luchando con una adicción secreta—, comprueba cuáles son tus creencias en esa área. En algún momento es probable que creyeras una mentira. He aquí la buena noticia: Cuando empiezas a ver y a creer que eres justificado en Cristo, cuando comienzas a confesar tu justicia por medio de Jesús en ese aspecto, tu avance está a la vuelta de la esquina. Amado, recuerda y cree esto cada día: ¡Jesús te quiere libre, próspero y quiere darte éxito!

Oración de hoy

Padre, gracias por recordarme que todos mis pecados fueron perdonados y que soy justo por la fe en Jesucristo. Gracias también por mostrarme que creer lo correcto implica vivir correctamente. En cuanto a las áreas de mi vida en las que no estoy viviendo bien, te pido que me reveles en qué he creído mal, para que puedas renovar mi mente con tu Palabra y con las creencias verdaderas. Decido creer que deseas liberarme, prosperarme y darme éxito.

Pensamiento de hoy

Primeramente creo lo correcto, por tanto voy a vivir una vida recta y he de ver las bendiciones y los avances.

Reflexión de hoy sobre el favor inmerecido

_____

_____

_____

_____

Oración de salvación

Si te gustaría recibir todo lo que Jesús ha hecho por ti, y permitir que sea tu Señor y Salvador, por favor, haz esta oración:

Señor Jesús, gracias por amarme y morir por mí en la cruz. Tu preciosa sangre me limpia de todo pecado. Eres mi Señor y mi Salvador, ahora y siempre. Creo que resucitaste de los muertos y que estás vivo hoy. Debido a tu obra terminada, ahora soy un hijo amado de Dios y el cielo es mi hogar. Gracias por darme la vida eterna y por llenar mi corazón con tu paz y tu alegría. Amén.

Nos gustaría saber de ti.

Si hiciste la oración de salvación o si tienes un testimonio que dar a conocer después de leer este libro, por favor, envíanos un correo electrónico a: info@josephprinceonline.com.

CASA
CREACIÓN

Te invitamos a que visites nuestra página
web donde podrás apreciar la pasión por
la publicación de libros y Biblias:

www.casacreacion.com

Para vivir la Palabra